银行业专业人员职业资格考试(初级)

机考题库与高频考点

个人贷款

银行业专业人员职业资格考试命题研究组　编著

主　　编:刘晓磊

编 委 组:(排名不分先后)

王　静	王星明	吕秀华
方　林	张玉珍	张　迪
李　飞	金玉健	王丹婷
李夏林	赵　敏	黄艳宁

责任编校:董凤利

编 校 组:(排名不分先后)

陈　亚	周玉芹	张莎莎
费婷婷	胡　军	刘云兰

中国财富出版社

图书在版编目(CIP)数据

个人贷款/银行业专业人员职业资格考试命题研究组编著.—北京:中国财富出版社,2019.6

(银行业专业人员职业资格考试(初级)机考题库与高频考点)

ISBN 978-7-5047-6936-7

Ⅰ.①个… Ⅱ.①银… Ⅲ.①个人-贷款-中国-资格考试-自学参考资料 Ⅳ.①F832.479

中国版本图书馆 CIP 数据核字(2019)第 117101 号

策划编辑　李彩琴　孟　婷　　**责任编辑**　戴海林　孟　婷

责任印制　尚立业　　**责任校对**　杨小静　　**责任发行**　杨　江

出版发行　中国财富出版社

社　　址　北京市丰台区南四环西路 188 号 5 区 20 楼　　**邮政编码**　100070

电　　话　010-52227588 转 2098(发行部)　　010-52227588 转 321(总编室)

010-52227588 转 100(读者服务部)　　010-52227588 转 305(质检部)

网　　址　http://www.cfpress.com.cn

经　　销　新华书店

印　　刷　三河市德利印刷有限公司

书　　号　ISBN 978-7-5047-6936-7/F·3128

开　　本　787mm×1092mm　1/8　　**版　　次**　2020 年 1 月第 1 版

印　　张　7.5　　**印　　次**　2020 年 1 月第 1 次印刷

字　　数　256 千字　　**定　　价**　30.00 元

前言

中国银行业专业人员职业资格考试是由银行业协会统一组织的考试。该考试分为基础科目（银行业法律法规与综合能力）和专业科目（个人理财、风险管理、公司信贷、个人贷款和银行管理），其中“银行业法律法规与综合能力”为获取证书的必要前提，其他专业科目可以由考生根据自身情况自由选择。所有考试科目全部实行“无纸化”上机考试。考试题型有三种，分别是单项选择题、多项选择题和判断题。

为了更好地帮助广大考生顺利通过考试，我们组织国内优秀的银行金融领域名师及专家，精心分析新大纲及新题库真题，编写了本书。本书包含考试题库和高频考点两个部分。考试题库为考生提供了5套真题试卷（书中4套，软件中5套）、3套押题试卷（书中1套，软件中3套）和2套模拟试卷（全部在软件中）。高频考点紧扣考试大纲，明确考试重点，设计简单，携带方便，适合考生考前重点复习。考生在备考时运用本书及配套软件，认真练习，吃透答案解析，定能熟练掌握常考考点，有效缩短备考时间，提高复习效率。

本书配套题库软件特色

随书赠送的智能题库采用高科技数据挖掘与追踪技术，有效记录考生做题数据，考生在备考中充分利用智能题库能达到更好的复习效果。智能题库具有以下特色。

1. 功能实用，满足不同的学习需求

智能题库中包含大量考试真题、模拟题、押题。同时，为考生提供了多样化的练习方式，包括章节练习、考点速记、真题必练、模拟押题、错题训练等功能。考生充分利用智能题库，能够有效巩固所学知识，并通过记录做题数据，方便查漏补缺、攻克薄弱知识点（这是纸质练习无法轻易实现的）。

2. 全真机考，模拟真实机考环境及流程

机考与传统笔试有较大区别。智能题库中套卷练习提供【全真机考】选择模式，模拟真实考场环境、流程和评分系统，方便考生提前熟悉考试环境和考试流程。

3. 兼容性强，适合手机、电脑、平板学习

智能题库包含微信版和网页版两种，考生可以在不同的学习环境下使用，充分利用学习时间。智能题库微信版和网页版数据同步，能有效记录考生的做题和学习进度。智能题库激活方式详见本书封底（背面）。

尽管研究组成员精益求精，但书中难免存在不足和疏漏之处，敬请广大读者批评指正。联系邮箱为 weilaijiaoyucaijing@ foxmail.com。

祝所有考生考试成功！

银行业专业人员职业资格考试命题研究组

目录

第一部分　真题试卷

《个人贷款》真题试卷(一)

本试卷采用虚拟答题卡技术，自动评分

考生扫描右侧二维码，将答题选项填入虚拟答题卡中，题库系统可自动统计答题得分，生成完整的答案及解析。题库系统根据考生答题数据，自动收集整理错题，记录考生的薄弱知识点，方便考生在题库系统中查漏补缺。

随书赠送智能题库获取方式见书背面

一、单项选择题(本大题共80小题,每小题0.5分,共40分。在以下各小题所给出的四个选项中,只有一个选项符合题目要求,请将正确选项的代码填入括号内)

1. 个人贷款是指贷款人向符合条件的(　　)发放的用于个人消费、生产经营等用途的本外币贷款。
A. 法人　B. 自然人　C. 企事业单位　D. 国家

2. 下列关于个人贷款特征的说法中,正确的是(　　)。
A. 个人贷款的还款方式很多,但是不能使用组合还款法
B. 与公司类贷款比较,低资本消耗是个人贷款最明显的特征
C. 客户只能去银行营业网点办理个人贷款
D. 个人贷款无法满足客户旅游的需求

3. (　　),国务院银行业监督管理机构颁布了《个人贷款管理暂行办法》。
A. 2001年2月12日　B. 2010年12月12日
C. 2010年2月12日　D. 2001年12月12日

4. 个人贷款业务区别于公司贷款业务的重要特征是(　　)。
A. 个人贷款的利率明显高于公司贷款
B. 个人贷款较公司贷款手续简化
C. 个人贷款的品种较多、用途较广
D. 个人贷款业务与公司贷款业务的主体特征不同

5. 下列关于个人贷款的表述中,错误的是(　　)。
A. 个人贷款中,借贷合同关系中,一般一方主体是银行,另一方主体是自然人
B. 商业银行从个人贷款业务中的收入来源仅为利息收入
C. 个人贷款业务对商业银行调整信贷结构、提高信贷资产质量起到了促进作用
D. 个人贷款可以成为商业银行分散风险的资金运用方式

6. 个人贷款管理的原则不包括(　　)。
A. 全流程管理原则　B. 诚信申贷原则　C. 协议承诺原则　D. 审贷结合原则

7. 在我国个人贷款的发展历程中,(　　)推动了个人贷款业务的规范发展。
A. 住房制度的改革　B. 国内消费和创业需求的增长
C. 国家金融法律法规的完善　D. 商业银行股份制改革

8. 个人教育贷款是银行向(　　)发放的用于满足其就学资金需求的贷款。
A. 学生　B. 学生或其直系亲属
C. 学生或其法定监护人　D. 学生或其直系亲属及法定监护人

9. 下列关于开展个人贷款业务的意义的说法中,错误的是(　　)。
A. 帮助银行消除风险
B. 为商业银行带来利息收入和服务费收入
C. 为实现城乡居民的消费需求起到融资作用
D. 对商业银行调整信贷结构、提高信贷资产质量起到了促进作用

10. 个人耐用消费品贷款中的"耐用消费品"是指(　　)的家用商品。
A. 价值较小、使用寿命相对较长　B. 价值较大、使用寿命相对较短
C. 价值较小、使用寿命相对较短　D. 价值较大、使用寿命相对较长

11. 商业助学贷款发放流程中,关于借款合同的填写,下列说法错误的是(　　)。
A. 贷款发放人应告知借款人、保证人等合同签约方关于合同内容、权利义务、还款方式以及还款过程中应当注意的问题等
B. 对采取抵押担保方式的,应要求抵押物共有人口头或书面授权借款人签署抵押合同
C. 合同填写必须做到标准、规范、要素齐全、数字正确、字迹清晰、不错漏、不潦草,禁止涂改
D. 贷款金额、贷款期限、贷款利率、担保方式和还款方式等有关条款要与最终审批意见一致

12. 贷款经办行贷后管理的工作内容不包括(　　)。
A. 押品管理　B. 负责贷后监测　C. 违约贷款催收　D. 客户关系维护

13. 根据《个人贷款管理暂行办法》的规定,贷款风险评价应以分析借款人(　　)为基础,采取(　　)方法,全面、动态地进行贷款审查和风险评估。
A. 职业状况;定量和定性分析　B. 现金收入;定量和定性分析
C. 抵押担保;定性分析　D. 信用状况;定量分析

14. 下列不属于押品管理中押品的返还与处置的是(　　)。
A. 对抵质押权证的返还　B. 对抵质押权证的移交
C. 对抵质押权证日常监控　D. 对抵质押权证的处置

15. 下列个人贷款定价模型中,考虑了客户因素,树立了"以客户为中心"的经营理念的是(　　)。
A. 成本加成定价模型　B. 基准利润加点定价模型
C. 浮动利率定价模型　D. 客户盈利分析模型

16. 国家助学贷款的借款学生可选择在毕业后的(　　)个月内的任何一个月开始偿还贷款本息,但原则上不得延长贷款期限。
A. 36　B. 18　C. 12　D. 24

17. 合同履行的抗辩权不包括(　　)。
A. 同时履行抗辩权　B. 不安抗辩权
C. 放弃抗辩权　D. 先履行抗辩权

18. 关于个人经营贷款的贷款要素,下列说法错误的是(　　)。
A. 贷款用途为借款人或其经营实体合法的经营活动,且符合工商行政管理部门许可的经营范围
B. 贷款期限一般不超过5年,采用保证担保方式的不得超过1年
C. 贷款利率须符合中国人民银行和各银行总行对相关产品的风险定价政策,并符合各行总行利率授权管理规定
D. 贷款对象是具有完全民事行为能力的中华人民共和国公民,具有合法有效的身份证件、户籍证明及婚姻证明

19. 某全日制本科生，所在学校学制为4年，每年的学费为8000元，生活费为2000元，其在校4年期间总计可申请的国家助学贷款最高额度为(　　)元。

A. 32000　B. 20000　C. 24000　D. 40000

20. 为防范项目烂尾风险，业务实践中，个人商用房贷款要求发放时开发商已取得(　　)。

A. 竣工验收合格证明　B. 建筑工程施工许可证

C. 房屋所有权证　D. 销售许可证

21. 公积金个人住房在贷款逾期90天以内的，应采取的催收措施是(　　)。

A. 电话催收　B. 给借款人发出提前还款通知书

C. 就抵押物的处置与借款人达成协议　D. 法律诉讼

22. 在个人汽车贷款中，下列属于合作机构风险的是(　　)。

A. 保险公司利用免责条款免除自身的保险责任

B. 借款人因失业，无力还款

C. 汽车贬值速度快，造成抵押物担保效力不足

D. 银行对借款人主体资格的调查往往流于形式，没有严格执行“面谈”制度

23. 学校机构对学生提交的国家助学贷款申请材料进行资格审查，负责的内容不包括(　　)。

A. 完整性　B. 真实性　C. 连续性　D. 合法性

24. 准确把握个人贷款业务操作流程，可有效规避贷款风险。下列环节不属于贷款操作流程的是(　　)。

A. 审查与审批　B. 支付管理与贷后管理

C. 受理与调查　D. 产品开发与设计

25. 个人贷款贷前咨询的主要内容不包括(　　)。

A. 个人贷款品种介绍　B. 个人贷款经办机构的注册资本

C. 办理个人贷款的程序　D. 申请个人贷款须提供的资料

26. 个人贷款申请应具备的条件不包括(　　)。

A. 借款人具备还款意愿　B. 借款用途明确合法

C. 借款币种必须为人民币　D. 借款人信用良好

27. 在对借款申请人提交的借款申请书及申请材料进行初审时，贷款受理人应主要审查借款申请人的主体资格及借款申请人所提交材料的(　　)。

A. 真实性与完整性　B. 真实性与规范性

C. 完整性与规范性　D. 完整性与合理性

28. 农村金融机构应当遵循(　　)的原则，加强对贷款的发放管理。

A. 审贷与放贷分离　B. 先放贷后审核

C. 审贷与放贷相结合　D. 方便放贷

29. 个人贷款调查应以实地调查为主、间接调查为辅，其采取的途径和方法不包括(　　)。

A. 信息咨询　B. 电话查问　C. 现场核实　D. 信函调查

30. 下列关于个人贷款贷前调查的表述中，错误的是(　　)。

A. 贷款人应建立并严格执行贷款面谈制度

B. 贷款人在不损害借款人合法权益和风险可控的前提下，可将贷款调查中的全部事项审慎委托第三方代为办理

C. 贷款调查可采取现场核实、电话查问以及信息咨询等途径和方法

D. 作为第三方代为办理贷款调查事项的机构必须有严格的资质条件

31. (　　)贷款具有较强政策性，且贷款额度受到限制。

A. 公积金个人住房贷款　B. 个人教育贷款

C. 专项贷款　D. 个人医疗贷款

32. 个人经营贷款业务必须加强行业风险管理，禁止介入的行业不包括(　　)。

A.《国家产业结构调整目录》中明确为限制类和淘汰类的项目、工艺或产品等

B. 房地产业、担保服务业

C. 产能过剩行业

D. 货币金融服务业

33. (　　)年，中国人民银行颁布《个人住房贷款管理办法》以及住房制度改革标志着我国个人住房贷款真正进入快速发展时期。

A. 1998　B. 1995　C. 2001　D. 1993

34. 持卡人使用发卡银行为其核定的信用额度进行支付的方式称为(　　)。

A. 授信　B. 收单　C. 透支　D. 激活

35. 一般来说，个人住房贷款的期限在(　　)的贷款，实行合同利率，遇法定利率调整不分段计息。

A. 半年以内(含半年)　B. 半年以上　C. 1年以内(含1年)　D. 1年以上

36. 为了保证共赢，银行与客户之间建立有效的交流渠道，构建一个长期友好的合作关系，这属于银行的(　　)。

A. 专业化营销策略　B. 交叉营销策略

C. 定向营销策略　D. 情感营销策略

37. 房地产的收益和风险都能够较准确的量化，是房地产估价方法中(　　)的适用条件。

A. 收益法　B. 长期趋势法　C. 市场法　D. 基准地价修正法

38. 房地产开发企业应按照核定的资质等级，承担相应的房地产项目。下列表述不正确的是(　　)。

A. 一级资质的房地产开发企业可在全国范围承揽房地产开发项目

B. 三级资质及三级资质以下的房地产开发企业仅可承担建筑面积15万平方米以下的开发建设项目

C. 各资质等级企业应在规定的业务范围内从事房地产开发经营业务，不得越级承担任务

D. 二级资质的房地产开发企业仅可承担建筑面积25万平方米以下的开发建设项目

39. 下列属于委托贷款的是(　　)。

A. 商业性个人住房贷款　B. 个人汽车贷款

C. 公积金个人住房贷款　D. 国家助学贷款

40. (　　)是民事活动中最核心、最基本的原则。

A. 诚实信用原则　B. 公平原则　C. 自愿原则　D. 平等原则

41. 不属于“假个贷”行为的是(　　)。

A. 没有特殊原因，滞销楼盘突然热销　B. 开发企业员工或关联方集中购买同一楼盘

C. 借款人由于公司倒闭终止还款　D. 借款人首付款非自己交付或实际没有交付

42. 公积金个人住房贷款最长期限为(　　)年。

A. 10　B. 30　C. 20　D. 35

43. 下列关于公积金个人住房贷款的表述中,错误的是(　　)。
A. 我国城镇居民享有公积金个人住房贷款权利
B. 公积金个人住房贷款的资金来源为单位和个人共同缴存的住房公积金
C. 申请公积金个人住房贷款必须符合公积金管理部门有关公积金个人住房贷款的规定
D. 相对商业贷款,公积金个人住房贷款的利率相对较低

44. 国家助学贷款的利率执行中国人民银行规定的(　　)。
A. 同期限贷款基准利率,不上浮　　B. 同期限贷款基准利率,上浮 20%
C. 同期限贷款基准利率,上浮 10%　　D. 同期限贷款基准利率,下浮 10%

45. 公积金管理中心基本职责不包括(　　)。
A. 制定公积金信贷政策　　B. 负责信贷审批
C. 承担公积金信贷风险　　D. 负责信贷发放

46. 下列不完全属于个人消费贷款的是(　　)。
A. 个人医疗贷款　B. 个人旅游贷款　C. 个人农户贷款　D. 个人教育贷款

47. 2004 年 8 月,(　　)与国务院银行业监督管理机构联合颁布了《汽车贷款管理办法》。
A. 中国交通银行　B. 中国人民银行　C. 中国建设银行　D. 中国银行

48. 发现贷款逾期的,应立即进行贷后检查,对存量逾期或欠息贷款的检查间隔期最长不超过(　　)。
A. 2 个月　B. 半个月　C. 3 个月　D. 1 个月

49. 下列关于"直客式"个人贷款营销模式的说法中,错误的是(　　)。
A. 它的特点在于买房时享受一次性付款的优惠,主要包括房价折扣,保险、律师与公证的一站式服务
B. 有利于银行全面了解客户需求,做熟悉的客户,从而有效防止"假按揭"
C. 指利用银行网点和理财中心作为销售和服务的主要渠道,直接营销客户,受理客户贷款需求
D. 网点的大堂经理和客户经理可以直接回答客户的问题,但不得受理客户的贷款申请

50. 个人住房贷款审批环节主要操作风险点不包括(　　)。
A. 贷款未经审批即发放贷款
B. 未按权限审批贷款,使得贷款超授权发放
C. 未按独立公正原则审批
D. 审批人员对应审查的内容审查不严,导致向不符合条件的借款人发放贷款

51. 中国人民银行批准的国家助学贷款经办银行不包括(　　)。
A. 中国银行　B. 农业银行　C. 汇丰银行　D. 工商银行

52. 我国最大的个人征信数据库为(　　)。
A. 中国人民银行建立的全国个人信用信息基础数据库系统
B. 中国银行业协会建立的个人数据库系统
C. 中华人民共和国财政部建立的个人征信系统
D. 国务院银行业监督管理机构建立的个人企业基础数据库系统

53. 个人住房贷款中,借款人的收入是指申请人自身的可支配收入,即单一申请为申请人本人的可支配收入,共同申请为(　　)的可支配收入。
A. 主申请人或共同申请人　　B. 主申请人
C. 主申请人和共同申请人　　D. 共同申请人

54. 关于国家助学贷款的贷后管理,下列说法错误的是(　　)。
A. 经办银行在发放贷款后,于每季度结束后的 10 个工作日内,按照"中央部门所属高校国家助学贷款贴息资金汇总表"汇总已发放的国家助学贷款学生名单、贷款金额、利率、利息等信息,经合作高校确认后上报总行
B. 借款学生自取得毕业证书之日(以毕业证书签发日期为准)起,下月 1 日(含 1 日)开始归还贷款利息
C. 借款学生毕业后申请出国留学的,应主动通知经办银行并还清当期贷款本息
D. 总行将国家助学贷款风险补偿金划拨至各分行,各分行在收到总行下拨的风险补偿金的当日将其划入对应账户

55. 个人贷款前,需要先进行贷前调查。贷前调查人须验证借款申请人提交的身份证件,主要内容有身份证照片与申请人是否一致,是否经有权部门签发,是否在有效期内。这属于贷款调查的(　　)内容。
A. 调查材料一致性　　B. 调查借款申请人基本情况
C. 调查借款申请人的信用情况　　D. 调查担保情况

56. 个人汽车贷款的贷款期限(含展期)不得超过(　　)年。
A. 3　B. 4　C. 5　D. 6

57. 个人汽车贷款中,因为汽车易于移动和变现的特征,很容易造成抵押物不知去向,银行无法处置抵押物,这是属于风险中的(　　)。
A. 合作机构风险　　B. 信用风险
C. 操作风险　　D. 道德风险

58. 在申请个人经营类贷款,判断项目或企业经营生产能力及获利情况,具有较好的经营业绩、较强的资本实力和合理的现金流量的项目或企业,这属于"5C"要素分析法中的(　　)。
A. 能力(Capacity)　　B. 资本(Capital)
C. 担保(Collateral)　　D. 环境(Condition)

59. 下列关于个人商用房贷款要素的表述中,正确的是(　　)。
A. 个人商用房贷款期限最长不超过 10 年
B. 个人商用房贷款利率不低于人民银行规定的同期同档次利率的 0.7 倍
C. 所购房产为商住两用房的,贷款额度不得超过所购商用房价值的 50%
D. 所购商用房为写字楼的,贷款额度不得超过所购写字楼价值的 55%

60. 个人商用房贷款的还款方式中,比较常用的不包括(　　)。
A. 按月等额本息还款法　　B. 按月等额本金还款法
C. 按周还本付息还款法　　D. 到期一次性还本付息法

61. 信用卡按是否向发卡银行交存备用金分为(　　)。
A. 贷记卡和准贷记卡　　B. 联名(认同)卡和非联名(认同)卡
C. 磁条卡、芯片卡和磁条芯片复合卡　　D. 实体卡和数字信用卡

62. 下列关于个人信用信息基础数据库查询规定的说法中,错误的是(　　)。
A. 个人获得自己的信用报告之后,可以根据其意愿提供给其他机构
B. 个人可通过书面申请授权给其他机构或个人对自己的信息进行查询
C. 我国个人征信系统由政府出资建设管理,原则上不收费
D. 个人查询可以到当地中国人民银行征信中心或当地的分中心提出书面查询申请

63. 个人贷款市场竞争激烈，银行在确定贷款价格时，需要考虑其他融资渠道以及竞争对手的利率水平，定价不仅要公平、合理，而且还要有市场竞争力，这体现了(　　)。

A. 风险定价原则　B. 参照市场价格原则　C. 成本收益原则　D. 组合定价原则

64. 我国的个人征信体系于 1999 年 7 月人民银行批准在(　　)试点个人征信。

A. 北京　B. 上海　C. 广州　D. 厦门

65. 下列选项中，会导致委托代理终止的情形是(　　)。

A. 指定代理的人民法院或者指定单位取消指定

B. 有其他原因引起的被代理人和代理人之间的监护关系消灭

C. 被代理人取得或者恢复民事行为能力

D. 作为被代理人或者代理人的法人终止

66. 委托书授权不明的，(　　)应当向第三人承担民事责任。

A. 被代理人　B. 代理人　C. 委托代理人　D. 当事人

67. 下列有关格式条款合同的表述，不正确的是(　　)。

A. 格式条款有两种以上解释的，应当做出有利于提供格式条款一方的解释

B. 格式条款是当事人为了重复使用而预先拟定，并在订立合同时未与对方协商的条款

C. 对格式条款发生争议的，应当按照通常理解予以解释

D. 格式条款和非格式条款不一致的，应当采用非格式条款予以解释

68. 银行最常见的个人贷款营销渠道不包括(　　)。

A. 合作单位营销　B. 网点机构营销　C. 网上银行营销　D. 银行柜台营销

69. (　　)是指银行向自然人发放的、用于解决市民及其配偶或直系亲属伤病就医时的资金短缺问题的贷款。

A. 个人住房装修贷款　B. 个人耐用消费品贷款

C. 个人医疗贷款　D. 个人旅游消费贷款

70. 个人住房装修贷款用途不包括(　　)。

A. 支付房屋维修工程款　B. 购买健身器材

C. 支付家庭装潢施工款　D. 购买厨卫设备

71. (　　)把客户分成不同的细分市场，提供不同的产品和不同的服务，但又不同于一对一的营销，研究的是某一层面所有的需求，介于大众营销和一对一营销之间，用相对少的资源满足这一批客户的需求。

A. 差异化策略　B. 分层营销策略　C. 情感营销策略　D. 交叉营销策略

72. 个人贷款担保方式应优先选择(　　)。

A. 抵押　B. 保证　C. 质押　D. 信用

73. (　　)不是个人汽车贷款的原则。

A. 风险补偿　B. 分类管理　C. 设定担保　D. 特定用途

74. 对下列申请个人经营贷款的对象符合要求的是(　　)。

A. 16 周岁，精神经常　B. 18 周岁，精神正常

C. 45 周岁，癫痫病患者　D. 60 周岁，精神正常

75. 客户邹先生于 2018 年 3 月向银行贷款 50 万元买房，期限 20 年，年利率 6%，自 2018 年 4 月 1 日起按月等额本息偿还，则邹先生每月的还款额为(　　)元。

A. 2500　B. 3582　C. 4583　D. 30000

76. 钱先生当前的工资不高，但是未来的预期收入可能有较大增长，如果他买房需要贷款，则比较适合的还款方式是(　　)

A. 等额递增还款法　B. 等额本金还款法

C. 到期一次还本付息法　D. 等额本息还款法

77. 商用房贷款期限在 1 年以内(含 1 年的)，借款人可采取(　　)；商用房贷款期限在 1 年以上的，可采用(　　)。

A. 一次性还本付息法；等额本息还款法　B. 多次还本付息法；等比本金还款法

C. 等额本息还款法；一次性还本付息法　D. 等额本金还款法；多次还本付息法

78. 使用等额本息还款法的贷款，每月还款额中(　　)。

A. 利息逐月递增，本金保持不变　B. 利息逐月递减，本金逐月递增

C. 利息逐月递减，本金保持不变　D. 利息逐月递增，本金逐月递减

79. 国家助学贷款的“风险补偿”原则是指国家财政(　　)。

A. 按贷款当年实际发放金额的一定比例对借款学生给予补偿

B. 对无力偿还贷款的借款学生给予一定比例的补偿

C. 按贷款当年实际违约金额的一定比例对贷款银行给予补偿

D. 按贷款当年实际发放金额的一定比例对贷款银行给予补偿

80. 下列不具有保证人资格的是(　　)。

A. 具有代位清偿债务能力的法人

B. 具有代位清偿债务能力的经济组织

C. 具有代位清偿债务能力的自然人

D. 国家机关

二、多项选择题(本大题共 25 小题，每小题 2 分，共 50 分。在以下各小题所给出的选项中，至少有两个选项符合题目要求，请将正确选项的代码填入括号内)

81. 出现(　　)情形之下的个人贷款，经贷款人同意可以采取借款人自主支付方式。

A. 借款人无法事先确定具体交易对象且金额不超过 30 万元人民币的

B. 借款人交易对象不具备条件有效使用非现金结算方式的

C. 贷款资金用于生产经营且金额不超过 100 万元人民币的

D. 借款人交易对象为符合国家有关规定的境外自然人的

E. 借款人的金额超过 30 万元人民币的

82. 借款人与银行应在借款合同中约定借款人归还借款采取的支付方式，支付方式包括(　　)。

A. 委托扣款　B. 柜面还款　C. 等额本息还款

D. 等额本金还款　E. 一次性还本付息

83. 在个人商用房贷款业务的风险管理中，银行的下列做法恰当的有(　　)。

A. 在还款正常的情况下，对借款人经营情况及抵押物的价值、用途等变动状况进行持续跟踪监测

B. 对以实际借款人及其关系人多人名义申请贷款，用于购买同一房产的，按单个借款人适用审批权限

C. 贷款额度按照抵押物评估价值和贷款最高成数来确定

D. 将贷款调查的全部事项委托第三方完成

E. 直接将贷款资金发放至借款人账户

84. 国家助学贷款一般的还款方式有(　　)。

A. 等额本金还款法　　B. 等额本息还款法

C. 一次性还本付息法　　D. 等比累进还款法

E. 等额累进还款法

85. 借款人的权利包括(　　)。

A. 拒绝借款合同以外的附加条件

B. 按合同约定提取和使用全部贷款

C. 用贷款在有价证券、期货等方面从事投机经营

D. 自主决定向第三人转让债务

E. 以上选项均符合

86. 下列情形中,职工可以提取职工住房公积金账户内的存储余额的有(　　)。

A. 房租超出家庭工资收入的规定比例的

B. 出境定居的

C. 完全丧失劳动能力,并与单位终止劳动关系的

D. 购买、建造、翻建、大修自住住房的

E. 偿还购房贷款本息的

87. 常见的个人贷款营销渠道包括(　　)。

A. 合作单位营销　　B. 网点机构营销　　C. 网上银行营销

D. 营销人员营销　　E. 介绍营销

88. 到目前为止,我国个人贷款业务的发展经历了起步、发展和规范三个阶段,其中包括(　　)。

A. 国内住房制度改革　　B. 国内消费和创业需求的增长

C. 商业银行股份制改革　　D. 公司信贷业务的蓬勃发展

E. 商业银行的主要利润来源已经从公司业务转到个人业务

89. 个人住房贷款交易背景真实性调查,须对购房合同进行审核,银行客户经理应把握以下(　　)等几个关键点。

A. 购房合同的销售登记备案手续是否已办妥

B. 购房合同中所购住房面积和售价、交房日期是否明确

C. 购房合同所盖售房单位公章是否真实有效,卖方签字人是否为有权签字人或授权代理人

D. 购房合同买方姓名是否与借款人一致

E. 借款人提交的购房合同所载房屋坐落,与开发商商品房销售许可证内容是否一致

90. 个人汽车贷款的信用风险的主要内容有(　　)。

A. 借款人的还款能力风险　　B. 借款人的还款意愿风险

C. 借款人的欺诈风险　　D. 借款人的死亡风险

E. 借款人的收入变化风险

91. 下列关于影响贷款定价的因素的说法中,正确的有(　　)。

A. 商业银行的资金成本越高,个人贷款定价就越高

B. 在资金成本和风险成本一定的情况下,银行利润目标越高,信贷产品的定价就越低

C. 银行需要细心考察市场竞争态势、竞争对手的经营定价策略,并以此作为参照确定产品价格

D. 在个人贷款定价时,银行应综合考虑担保的整体费用和收益

E. 权利的赋予与否与贷款定价有关,且其大小与贷款定价呈正向变化

92. 在成本加成定价模型中,贷款价格等于(　　)之和。

A. 资金成本　　B. 贷款费用　　C. 基准利率

D. 风险补偿费　　E. 目标利润

93. 下列关于国家助学贷款的说法中,正确的有(　　)。

A. 国家助学贷款实行借款人一次申请、贷款银行一次审核、单户核算、分次发放的方式

B. 国家助学贷款在每年的2月和8月不对借款人发放生活费贷款

C. 国家助学贷款在发放时,会把所有的款项统一划到学生在银行指定的账户之中

D. 国家助学贷款是一种信用贷款,不需要有效的抵押或者担保等

E. 国家助学贷款和商业助学贷款的原则相同

94. 银行发现保证人下列(　　)情形时,应及时通知借款人,要求变更担保措施。

A. 保证人发生隶属关系变更、高层人事变动、公司章程修改以及组织结构调整

B. 保证人生产经营、财务状况是否发生重大诉讼、仲裁,可能影响其履约保证责任

C. 保证人为第三人债务提供保证担保或者以其主要资产为自身或第三人债务设定抵押、质押,可能影响履行保证责任

D. 保证人有低价或无偿转让有效资产、非法改制等逃债行为

E. 保证人有恶意破产倾向

95. 对于个人贷款审查与审批,下列说法正确的有(　　)。

A. 贷款人应建立和完善借款人信用记录和评价体系

B. 贷款风险评价应以分析借款人现金收入为基础,采取定量和定性分析方法,全面、动态地进行贷款审查和风险评估

C. 为维持审批政策的稳定性,加强相关贷款的管理,在任何情况下,贷款人不应对审批政策进行调整

D. 贷款审查中,应重点关注调查人的尽职情况和借款人的偿还能力、诚信状况、担保情况、抵(质)押比率、风险程度等

E. 贷款人应明确贷款审批权限,实行审贷分离,贷款审批人员分团队合作审批贷款

96. 下列关于个人征信异议的处理方法中,正确的有(　　)。

A. 向所在地的人民银行分支行征信管理部门提出个人信用报告的异议申请

B. 直接向人民银行征信中心提出个人信用报告的异议申请

C. 须出示本人身份证原件、提交身份证复印件

D. 中国人民银行征信管理部门应当在收到异议申请的5个工作日内将异议申请转交征信服务中心

E. 征信服务中心应当在接到异议申请的5个工作日内进行内部核查

97. 个人住房贷款包括(　　)。

A. 自营性个人住房贷款　　B. 公积金个人住房贷款

C. 个人住房组合贷款　　D. 个人商品房贷款

E. 个人商品房组合贷款

98. 个人住房贷款业务中,操作风险的防范措施包括(　　)。

A. 在实践工作中,个人住房贷款的经办人员应尽职尽责,避免违法违规操作

B. 个人住房贷款经办人员努力培养自身的职业道德

C. 加强并完善银行内控制度

D. 经办人员共同合作对借款人信用和经济收入做出评价和判断

E. 贷款发放后,落实贷款有效担保

99. 公积金住房贷款业务的操作模式包括(　　)。

A. 银行受理,公积金管理中心审核审批,银行操作

B. 公积金管理中心受理、审核和审批,银行操作

C. 公积金管理中心和承办银行联动

D. 银行受理、审核审批、操作

E. 公积金管理中心受理、审核审批、操作

100. 签订个人保证贷款保证合同时,涉及的当事人包括(　　)。

A. 银行　B. 借款人　C. 担保人

D. 代理人　E. 介绍人

101. 商业银行如果违反规定查询个人的信用报告,或将查询结果用于规定范围之外的其他目的的将会被处理的方式有(　　)。

A. 责令改正　B. 行政记大过

C. 经济处罚　D. 涉嫌犯罪的依法移交司法机关处理

E. 刑事拘留

102. 申请商用房贷款的借款人必须提供一些担保措施,以下(　　)方式符合要求。

A. 抵押　B. 质押　C. 履约保证保险

D. 政府担保　E. 个人担保

103. 房地产估价方法主要有(　　)。

A. 市场法　B. 假设开发法

C. 工程进度法　D. 长期趋势法

E. 基准地价修正法

104. 下列关于按照产品用途划分的各类个人贷款的说法中,错误的有(　　)。

A. 按照产品用途划分,个人贷款产品有个人住房贷款、个人消费贷款和个人经营类贷款

B. 商业助学贷款实行"财政贴息、风险补偿、信用发放、专款专用和按期偿还"的原则

C. 个人旅游消费贷款是指银行向个人发放的用于借款人个人及其家庭成员参加银行认可的各类旅行社组织的国内旅游所需费用的贷款

D. 按照足额缴存住房公积金的职工在购买住房时,可同时申请住房公积金贷款和自营性个人住房贷款

E. 个人耐用消费品贷款通常由银行与特约商户合作开展,即借款人须在银行指定的商户处购买特定商品

105. 下列关于个人征信安全管理的说法中,正确的有(　　)。

A. 商业银行查询个人信用报告时应当取得被查询人的书面授权,书面授权可以通过在贷款、贷记卡、准贷记卡以及担保申请书中增加相应条款取得

B. 除了本人以外,商业银行只有在办理贷款、信用卡、担保等业务时,或贷后管理、发放信用卡时才能查看个人的信用报告

C. 个人信用信息基础数据库须对查看个人信用报告的商业银行信贷人员(即数据库用户)进行管理,每一个用户都要登记注册,而且计算机系统还自动追踪和记录每一个用户查询个人信用报告的情况,并展示在个人的信用报告中

D. 商业银行如果违反规定查询个人的信用报告,或将查询结果用于规定范围之外的其他目的,将被责令改正,并处以1万元以上5万元以下的罚款;涉嫌犯罪的,则将依法移交司法机关处理

E. 商业银行各级用户应妥善保管自己的用户密码,至少3个月更改一次密码

三、判断题(共10题,每题1分,共10分。请判断以下各小题的正误,正确的为A,错误的为B)

106. 个人信用贷款主要依据借款申请人的个人信用记录和等级确定贷款额度。信用等级越低,信用额度越小。(　　)

107. 个人二手房贷款的期限不能超过所购住房的剩余的土地使用权期限。(　　)

108. 发卡银行应当对债务人本人及其担保人进行催收,对催收过程应当进行录音,录音资料至少保存1年备查。(　　)

109. 授信风险越高的客户,贷后检查次数就应越多、频率应越高。(　　)

110. 通常个人经营贷款单笔金额较大,借款人还本付息资金主要来源于其经营收入或利润。所以,无论贷款长短,银行鼓励借款人用一次利随本清还款方式,这样银行管理成本和风险成本都低。(　　)

111. 组合还款法使得借款人可以在贷款期限内将本金分为几个部分,各部分采用不同还款方式。

112. 对借款人账户进行监控属于贷后管理原则的主要内容之一。(　　)

113. 专业化策略强调降低银行成本,使银行保持令人满意的边际利润,同时成为一个低成本竞争者。(　　)

114. 贷款审批人对个贷业务的审批意见类型为"完全同意""保留意见""否决"3种。(　　)

115. 在个人住房贷款中,银行对项目有关资料进行审查合格后,可以免去对项目进行实地调查。(　　)

《个人贷款》真题试卷(二)

一、单项选择题(本大题共80小题，每小题0.5分，共40分。在以下各小题所给出的四个选项中，只有一个选项符合题目要求，请将正确选项的代码填入括号内)

1. 率先在国内开办个人住房贷款业务的是(　　)。
A. 中国银行　　B. 中国工商银行
C. 中国建设银行　　D. 中国农业银行

2. 下列关于我国个人贷款业务发展历程的表述中，正确的是(　　)。
A. 商业银行股份制改革推动了个人信贷的蓬勃发展
B. 国内消费和创业需求的增长促进了个人住房贷款的产生和发展
C. 住房制度的改革推动了个人贷款业务的规范发展
D. 我国出台的第一部个人贷款管理法规是2010年2月12日国务院银行业监督管理机构颁发的《个人贷款管理暂行办法》

3. 以下不属于个人贷款特征的是(　　)。
A. 贷款便利　　B. 贷款品种多、用途广
C. 还款方式灵活　　D. 贷款品种单一

4. (　　)是指银行向自然人发放的、用于借款人个人及其家庭成员(包括借款申请人的配偶、子女及其父母)参加银行认可的各类旅行社(公司)组织的国内、外旅游所需费用的贷款。
A. 个人旅游消费贷款　　B. 个人医疗贷款
C. 个人耐用消费品贷款　　D. 个人住房装修贷款

5. 按照有关规定，借款人所购车辆为新能源商用车的，贷款发放额度不得超过所购汽车价格的(　　)。
A. 80%　　B. 50%　　C. 75%　　D. 60%

6. 合同变更属于个人住房贷款流程中的(　　)环节。
A. 贷款的受理和调查　　B. 贷款的签约和发放
C. 贷款的审查和审批　　D. 贷后与档案管理

7. 在个人经营贷款业务中，贷款人需对借款人所经营企业的对外担保情况进行调查，主要是为了(　　)。
A. 确定借款人的还款能力　　B. 确定借款人的贷款用途
C. 符合监管机构的要求　　D. 确定借款人的还款意愿

8. 现有客户提供抵押物为其名下所有的住房向商业银行申请个人经营贷款，经银行内部评估抵押物价值人民币100万元，则客户最高可向银行申请(　　)万元的个人经营贷款。
A. 50　　B. 80　　C. 60　　D. 70

9. 二手车是指从办理完机动车注册登记手续到规定报废年限(　　)年之前进行所有权变更并依法办理过户手续的汽车。
A. 1　　B. 3　　C. 5　　D. 10

10. 下列关于个人贷款的说法中，错误的是(　　)。
A. 个人贷款是指贷款人向符合条件的自然人发放的用于个人消费、生产经营等用途的本外币贷款
B. 个人贷款业务是以主体特征为标准进行贷款分类的一种结果
C. 借贷合同关系的一方主体是银行，另一方主体是个人
D. 与企业贷款相比，个人贷款业务会增加商业银行风险，因此应谨慎发放

11. 下列不属于电子银行功能的是(　　)。
A. 产品销售功能　　B. 信息服务功能　　C. 展示与查询功能　　D. 综合业务功能

12. 下列属于政策性个人住房贷款的是(　　)。
A. 个人商用房贷款　　B. 公积金个人住房贷款
C. 个人医疗贷款　　D. 自营性个人住房贷款

13. 个人教育贷款的最长期限为(　　)年。
A. 10　　B. 15　　C. 20　　D. 30

14. 个人经营贷款的受理材料包括(　　)。
A. 个人信用记录　　B. 经过年检的个体工商户营业执照原件
C. 房产情况材料　　D. 居住情况材料

15. 关于个人商用房贷款的条件，下列说法错误的是(　　)。
A. 借款人不得为外籍人士
B. 借款人具有良好的信用记录和还款意愿
C. 借款人具有稳定的收入来源和按时足额偿还贷款本息的能力
D. 借款人具有所购商用房的商品房销(预)售合同或房屋买卖协议

16. 银行做好对借款人经营收入及商用房项目运营前景调查的目的是防范(　　)。
A. 信用风险　　B. 操作风险
C. 合作机构的风险　　D. 保证风险

17. 个体网络借贷的特点不包括(　　)。
A. 操作简单　　B. 风险小　　C. 收益率高　　D. 无抵押

18. 个人汽车贷款的借款人提供个人金融及非金融资产证明的，须提供相关(　　)。
A. 权利凭证　　B. 存单凭证　　C. 存折凭证　　D. 票据凭证

19. 下列关于个人贷款产品的表述中，错误的是(　　)。
A. 个人担保贷款手续涉及银行、借款人和担保人三方，贷款办理环节较多，办理时间长
B. 个人质押贷款是指自然人以合法有效、符合银行规定条件的质物出质，向银行申请取得一定金额的贷款
C. 个人保证贷款业务中，如果贷款出现逾期，银行可按合同约定直接向保证人扣收贷款，出现纠纷可通过法律程序予以解决
D. 个人信用贷款是银行向自然人发放的无须提供任何担保的贷款

20. 下列个人贷款中，属于无担保贷款的是(　　)。
A. 个人抵押贷款　　B. 个人质押贷款
C. 个人信用贷款　　D. 个人保证贷款

21. 个人住房贷款风险分类应遵循(　　)原则。
A. 全面考虑　　B. 概率分析模型　　C. 不可拆分　　D. 差别化

22. 商业助学贷款的学费应按照(　　)逐笔发放,住宿费、生活费按照(　　)发放。

A. 学期;支付期　　B. 学费支付期;学费支付期或分列

C. 支付期;学期　　D. 学费支付期或分列;学费支付期或分列

23. 如今越来越多的商业银行将产品研发、未来的发展计划向公众告知,并广泛征求意见,这是声誉风险管理的(　　)做法。

A. 强化声誉风险管理培训　　B. 兑现承诺

C. 增强对客户/公众的透明度　　D. 制定危机管理规划

24. 贷款调查人员应对个人贷款申请内容和相关情况的(　　)、准确性进行调查核实;贷款审查人员应对贷款调查内容的(　　)、准确性进行全面审查。

A. 完整性、合理性;真实性、合法性　　B. 真实性、完整性;合法性、合理性

C. 真实性、合法性;完整性、合理性　　D. 合理性、合法性;真实性、完整性

25. 贷款调查应以(　　)为主、(　　)为辅,采取现场核实、电话查问以及信息咨询等途径和方法。

A. 实地调查;间接调查　　B. 直接调查;间接调查

C. 间接调查;实地调查　　D. 实地调查;问卷调查

26. 下列不属于新能源汽车的是(　　)。

A. 汽油车　　B. 插电式混合动力(含增程式)汽车

C. 纯电动汽车　　D. 燃料电池汽车

27. 下列关于个人贷款尽职调查的方式和要求的表述中,错误的是(　　)。

A. 通过电子银行渠道发放低风险质押贷款的,贷款人应当采取有效措施确定借款人真实身份

B. 应以实地调查为主、间接调查为辅,采取现场核实、电话查问以及信息咨询等途径和方法

C. 贷款人在不损害借款人合法权益和风险可控的前提下,可将贷款调查中的部分或全部事项审慎委托第三方代为完成

D. 贷款人应建立并严格执行贷款面谈、面签和居访制度

28. 个人贷款的受理与调查环节中,抵押人对抵押物占有的合法性调查的内容不包括(　　)。

A. 借款申请人提供的抵押物是否为抵押人所有

B. 抵押物是否真实存在,评估价格是否合理

C. 财产共有人是否愿意抵押

D. 抵押物是否已设定抵押权属

29. 自营性个人住房贷款是指银行运用(　　)向在城镇购买、建造或大修理各类型住房的自然人发放的贷款。

A. 专项资金　　B. 低进低出利率　　C. 住房公积金　　D. 信贷资金

30. 中国人民银行在进行深入研究、调研,并广泛征求社会公众及政府相关部门意见后,制定了《征信业管理条例》,经国务院审议通过,于(　　)起正式实施。

A. 2015 年 12 月　　B. 2013 年 3 月　　C. 2013 年 12 月　　D. 2015 年 3 月

31. 关于个人住房贷款配套的法律法规中,下列说法与现行规定不符的是(　　)。

A. 境外个人在境内可以贷款方式购买首套自住房

B. 未成年人可以贷款方式购买房屋

C. 未成年人可以现款方式购买房屋

D. 境外个人在境内可以现款方式购买首套自住房

32. 个人住房贷款不包括(　　)。

A. 自营性个人住房贷款　　B. 公积金个人住房贷款

C. 个人住房组合贷款　　D. 个人消费住房贷款

33. 1997 年,中国人民银行颁布了(　　)等一系列的关于个人住房贷款的制度办法,标志着国内住房贷款业务的正式全面启动。

A.《个人住房贷款管理办法》　　B.《城市房地产抵押管理办法》

C.《个人住房担保贷款管理试行办法》　　D.《住房公积金管理条例》

34. 20 世纪 80 年代中期,作为首批住房体制改革的试点城市,烟台、蚌埠两市分别成立了(　　)。

A. 住房储蓄银行　　B. 住房贷款营业部

C. 住房贷款银行　　D. 信贷银行

35. 个人住房贷款可实行的担保方式是(　　)。

A. 抵押、信用、质押　　B. 抵押、信用、保证　　C. 抵押、质押、保证　　D. 信用、质押、保证

36. 下列关于个人住房贷款额度规定的说法中,错误的是(　　)。

A. 在不实施"限购"措施的城市,居民家庭首次购买普通住房的商业性个人住房贷款,原则上最低首付款比例为 25%,各地可向下浮动 5 个百分点

B. 在不实施"限购"措施的城市,对拥有两套及以上住房并已结清相应购房贷款的家庭,又申请贷款购买普通自住房的,执行首套房贷款政策

C. 对拥有一套住房且相应购房贷款未结清的居民家庭,为改善居住条件再次申请商业性个人住房贷款购买普通自住房的,贷款最低首付款比例为 30%

D. 各商业银行暂停发放居民家庭购买第三套及以上住房贷款

37. 下列不属于个人住房贷款的借款人合法有效的身份证件是(　　)。

A. 居民身份证　　B. 文职干部证　　C. 驾驶证　　D. 军官证

38. (　　)是个人住房贷款真正快速发展的标志之一。

A. 1992 年银行部门出台了住房抵押贷款的相关管理办法

B. 1985 年中国建设银行开展住房贷款业务

C. 1995 年《个人住房担保贷款管理试行办法》的颁布

D. 1998 年《个人住房贷款管理办法》的颁布

39. 按照相关规定,贷款人受托支付是指(　　)。

A. 贷款人根据借款人的提款申请和支付委托,将贷款资金支付给符合合同约定用途的借款人交易对象

B. 贷款人根据借款人的提款申请和支付委托,将贷款资金发放至借款人账户,并由借款人支付给符合合同约定用途的借款人交易对象

C. 贷款人根据借款人的提款申请和支付委托,将贷款资金支付给专门成立的托管机构

D. 贷款人根据借款人的提款申请和支付委托,将贷款资金支付给第三方托管机构

40. 贷款人(　　),应详细记录资金流向,归集保存相关凭证。

A. 受托支付完成后　　B. 受托支付完成前　　C. 自主支付完成前　　D. 自主支付完成后

41. 借款人需要调整借款期限,应向银行提交期限调整申请书,并必须具备一定的前提条件,下列不满足调整借款期限条件的是(　　)。

A. 贷款未到期　　B. 上期本金已还,利息已还,本期的本金未还

C. 无欠息　　D. 本期本金已归还

42. 在商业银行个人住房贷款业务中，房地产开发公司和二手房经纪公司等外部合作机构在银行贷款业务中的主要作用是(　　)。

A. 贷款调查、提供客源　　B. 提供客源、代理部分贷款管理职能

C. 贷款调查、承担一定的担保责任　　D. 提供客源、承担一定的担保责任

43. 电子银行同传统银行的一个重要区别是(　　)。

A. 实时处理业务　　B. 运行环境开放

C. 电子虚拟服务　　D. 不受时空界限限制

44. 公积金个人住房贷款的特点不包括(　　)。

A. 互助性　　B. 普遍性　　C. 利率低　　D. 期限短

45. 合作机构风险的表现形式不包括(　　)。

A. 房地产开发商和中介机构的欺诈风险　　B. 担保公司的担保风险

C. 其他合作机构的风险　　D. 借款人违约风险

46. 2004 年 8 月，中国人民银行、国务院银行业监督管理机构联合颁布了(　　)。

A.《汽车贷款管理办法》　　B.《汽车消费贷款管理办法》

C.《个人贷款管理暂行办法》　　D.《贷款通则》

47. 个人汽车贷款的特点中不包括(　　)。

A. 在汽车产业和汽车市场发展中占有一席之地

B. 与汽车市场的多种行业机构具有密切关系

C. 与其他行业联系不大

D. 风险管理难度相对较大

48. 个人汽车贷款的期限(含展期)不得超过(　　)年，其中，二手车贷款的贷款期限(含展期)不得超过(　　)年。

A. 1;3　　B. 5;3　　C. 1;5　　D. 3;5

49. 个人汽车贷款所购车辆为自用传统动力汽车的，贷款额度不得超过所购汽车价格的(　　)。

A. 70%　　B. 80%　　C. 50%　　D. 30%

50. 下列押品在选择次序上应谨慎接受的是(　　)。

A. 存单　　B. 凭证式国债

C. 现金　　D. 收费权

51. 某客户购买一辆家庭自用的新轿车，成交价为 20 万元，交纳增值税、消费税、购置附加税、车船使用税等 4 万元，车检费、保险费、年审费、养路费等 2 万元。该客户申请办理个人汽车贷款，则贷款额度最高为(　　)万元。

A. 16　　B. 18.2　　C. 14　　D. 20.8

52. 下列各申请人中，最有可能申请到个人汽车贷款的是(　　)。

A. 甲今年 16 岁，其家庭条件富裕，可以房产作抵押，欲贷款购买一辆汽车

B. 乙个人信用良好，大学毕业后一直没有找到长期的工作，现在想贷款买一辆车跑运输

C. 丙一直有购车的想法，但是现在车价较贵，估计未来价格会下跌，想先在银行贷款待车价下跌再买

D. 丁在一家国有企业担任处长，之前也曾多次贷款，并且信用状况良好，欲贷款买一辆新车替换旧车

53. 按照五级分类方式，不良个人贷款包括五级分类中的(　　)。

A. 关注、次级和损失类贷款　　B. 次级、可疑和损失类贷款

C. 关注、可疑和损失类贷款　　D. 关注、次级和可疑类贷款

54. 下列关于个人汽车贷款展期的说法，正确的是(　　)。

A. 可以不限展期次数但是展期期限不能超过 1 年

B. 只可以展期一次且展期期限不能超过 1 年

C. 可以不限展期次数且展期可以长于 1 年

D. 只可以展期一次但展期可以长于 1 年

55. 下列不属于个人经营贷款的操作风险的防控措施的是(　　)。

A. 在贷款发放后，银行应保持与借款人的联络

B. 在还款日前一定时间内，银行以书面或其他方式通知借款人做好资金调度，安排好还款资金

C. 贷款银行经办人员应直接参与抵押手续的办理

D. 加强对保证人担保能力的调查和分析

56. 下列选项中，不属于申请个人汽车贷款必须具备的条件的是(　　)。

A. 能够支付贷款银行规定的首期付款

B. 在中华人民共和国境内连续居住 6 个月以下的居民

C. 个人信用良好

D. 具有完全民事行为能力

57. 以下并不是个人汽车贷款常用的还款方式的是(　　)。

A. 等额本息还款法　　B. 等额本金还款法

C. 到期一次性还本付息　　D. 差额本息还款法

58. 以下 3 位客户向银行申请个人汽车贷款：甲是当年毕业的外地大学生，在本市某金融机构从事 IT 工作；乙是香港人士，3 个月前从香港到本市任职某外企的中层主管；丙是本市某大学副教授，本市居民，在本市拥有两套住房。仅根据以上信息，一般银行应予以优先考虑的是(　　)。

A. 乙　　B. 无法判断　　C. 甲　　D. 丙

59. 对于个人住房贷款来说，一般男性自然人的还款期限不超过(　　)岁。

A. 60　　B. 65　　C. 70　　D. 75

60. 关于申请商用房贷款需要具备的条件，下列说法错误的是(　　)。

A. 必须先付清不低于所购或所租的商用房全部价款 40% 以上的首期付款

B. 与开发商签订购买或租赁商用房的合同或协议

C. 提供经贷款银行认可的有效担保

D. 当前无不利的相关民事纠纷和刑事案件责任

61. 商用房贷款贷前调查的内容不包括(　　)。

A. 材料一致性　　B. 借款人身份、资信和经济状况

C. 贷款用途及相关合同、协议　　D. 借款人所经营企业的经营状况

62. 个人贷款风险评分种类不包括(　　)。

A. 申请评分卡　　B. 信用评分卡　　C. 行为评分卡　　D. 催收评分卡

63. 我国个人信用数据库的个人信息更新频率为(　　)。

A. 不定期更新　　B. 每月更新　　C. 实时更新　　D. 每日更新

64. 征信服务中心应当在接到异议申请的(   )个工作日内进行内部核查。

A. 2　　B. 3　　C. 5　　D. 7

65. 关于个人商用房贷款,下列说法错误的是(   )。

A. 商用房贷款一般金额较大,有的借款人购买多份产权单位,操作中存在向同一借款人审批发放多笔贷款,或向实际购房人与其家庭成员、近亲属、所控制公司员工等多人审批发放贷款的现象,从而使风险放大

B. 个人商用房贷款执行浮动利率,如遇银行调整利率,应按照合同约定的调整时间进行调整

C. 个人商用房贷款与个人住房贷款类似,以借款人工资薪金收入作为主要还款来源

D. 临街商用房以及住宅小区配套的底商,具有相对持续稳定的客流,进行按揭贷款支持的风险整体较小

66. 李先生是做体育器械生意的,自己的公司近2年的营业状况良好,并且刚和某健身房签订进货合同,但如果从厂家直接进货需要首付定金500万元,因为最近资金周转紧张,一时间拿不出这么多钱。李先生家庭经济情况良好,拥有市值800万元左右,评估价为650万元的高档住宅。李先生本人为公司股东,且公司运营情况良好,李先生资金使用时间为3~6个月,且以后可能会有不定期资金需求,若李先生向银行申请1年期个人经营贷款,最适合李先生的还款方式为(   )。

A. 等额本息还款法　　B. 等额本金还款法

C. 按月还息,到期一次性还本还款法　　D. 等比递增还款法

67. 下列关于个人住房贷款还款方式的说法中,正确的是(   )。

A. 只能采用等额本息还款法　　B. 只能采用等额本金还款法

C. 一笔借款合同只能选择一种还款方法　　D. 一笔借款合同可以选择多种还款方法

68. 个人住房贷款经审批通过后,贷款银行与借款人、担保人签订个人住房担保借款合同,明确各方权利和义务。下列不属于借款合同应明确约定的是(   )。

A. 各方当事人的诚信承诺、贷款资金的用途

B. 支付对象、支付金额

C. 支付条件、支付方式

D. 支付的日期

69. (   )是指从办理完机动车注册登记手续到规定报废年限一年之前进行所有权变更并依法办理过户手续的汽车。

A. 新车　　B. 二手车　　C. 商用车　　D. 自用车

70. (   )应以实地调查为主、间接调查为辅,采取现场核实、电话查问以及信息咨询等途径和方法。

A. 贷款发放　　B. 借款审批　　C. 存款管理　　D. 贷款调查

71. 《个人贷款管理暂行办法》明确规定,除特殊情形外,个人贷款资金应当采用(   )方式向借款人交易对象支付。

A. 借款人受托支付　　B. 借款人委托支付　　C. 贷款人委托支付　　D. 贷款人受托支付

72. 下列关于个人汽车贷款原则的说法中,错误的是(   )。

A. 设定担保　　B. 分类管理　　C. 盈亏自负　　D. 特定用途

73. 按照相关文件,对贷款购买第二套住房的家庭,贷款首付款比例不得低于60%,贷款利率不得低于基准利率的(   )倍。

A. 1　　B. 1.1　　C. 1.2　　D. 1.5

74. 保证关系反映的是保证人、债权人、债务人三者之间的法律关系,一般签订保证合同的当事人是(   )。

A. 保证人、债权人、债务人　　B. 债权人、债务人

C. 保证人、债务人　　D. 保证人、债权人

75. 保证人为法人且存在以下行为,仍然可以作为保证人的是(   )。

A. 保证人在最近3年内连续亏损　　B. 在银行黑名单之列

C. 重大违法行为损害银行利益的　　D. 经营状况不佳,市场占有率下降

76. 采用贷款人受托支付的,银行应要求借款人在使用贷款时提出(   ),并授权贷款人按合同约定的方式(   )贷款资金。

A. 贷款申请;支付　　B. 支付申请;支付

C. 贷款申请;追索　　D. 支付申请;追索

77. 下列关于其他个人消费类贷款的表述,错误的是(   )。

A. 是指银行向借款人发放的用于装修、耐用品消费、旅游、医疗等消费用途的贷款

B. 贷款期限一般为1~3年,最长10年

C. 利率由商业银行自行确定,一般低于人民银行基准利率

D. 贷款额度一般不超过借款人所需资金的70%

78. 下列管理内容不属于个人商用房贷款贷后管理相关工作的是(   )。

A. 与开发商签订的购买合同或协议,是否符合合同约定条件

B. 定期了解借款人客户信息变化情况

C. 定期查询银行相关系统,了解借款人在银行及其他金融机构的信用状况

D. 定期对合作楼盘开展贷后现场检查

79. 以下不属于个人耐用消费品贷款中所指的耐用消费品的是(   )。

A. 家用电器　　B. 健身器材　　C. 汽车　　D. 家具

80. 等额本息还款法归还的本金和利息的配给比例是(   )变化的。

A. 逐年　　B. 逐月　　C. 逐日　　D. 随时

二、多项选择题(本大题共25小题,每小题2分,共50分。在以下各小题所给出的选项中,至少有两个选项符合题目要求,请将正确选项的代码填入括号内)

81. 以质押方式申请个人经营贷款时,可作为质物的有(   )。

A. 定期储蓄存单　　B. 凭证式国债(电子记账)

C. 记账式国债　　D. 拥有土地使用权证的出让性质的土地

E. 应收账款

82. 《中华人民共和国合同法》规定的违约责任承担形式有(   )。

A. 定金责任　　B. 强制履行　　C. 违约金责任

D. 采取补救措施　　E. 赔偿责任

83. 下列关于国家助学贷款的贷后贴息管理和风险补偿金管理的说法中,正确的有(   )。

A. 经办银行于每年12月底前,将上一年度实际发放的国家助学贷款金额和违约率按各高校进行统计汇总

B. 全国学生贷款管理中心在收到各贷款银行总行提供的贴息申请材料后的10个工作日内,将贷款贴息统一划入总行国家助学贷款贴息专户

C. 全国学生贷款管理中心在收到经办行总行提交的申请风险补偿金的相关材料后20个工作日内将对应的风险补偿金支付给贷款银行总行

D. 经办银行在发放贷款后，于每年结束后的10个工作日内，汇总已发放的国家助学贷款学生名单、贷款金额、利率、利息，经合作高校确认后上报总行

E. 总行将风险补偿金划拨至各分行，各分行在收到总行下拨的风险补偿金的当日将其划入对应账户

84. 在个人住房贷款中出现的"假个贷"的"假"体现在(　　)。

A. 不具有真实的购房目的　　B. 虚构购房行为使其具有"真实"的表象

C. 捏造借款人资料　　D. 房地产公司内部人员购房

E. 同一购房人在不同的开发商处购房

85. 个人贷款定价模型包括(　　)。

A. 成本加成定价模型　　B. 基准利率加点定价模型

C. 客户盈利分析模型　　D. 成本定价模型

E. 目标利润定价模型

86. 个人教育贷款签约和发放中的风险包括(　　)。

A. 合同凭证预签无效，合同制作不合格，合同填写不规范，未对合同签署人及签字(盖章)进行核实

B. 在发放条件不齐全的条件下发放贷款

C. 未按规定的贷款额度和贷款期限、贷款的担保方式、结息方式、计息方式、还款方式、适用利率、利率调整方式和发放方式等发放贷款，导致错误发放贷款和贷款错误核算

D. 审批人对应审查的内容审查不严，导致向不具备贷款发放条件的借款人发放贷款

E. 未按规定保管借款合同、担保合同等重要贷款档案资料，造成合同损毁

87. 采取保证担保方式的，以下说法正确的有(　　)。

A. 保证人为法人的，要调查保证人是否具备保证人资格

B. 对开发商提供阶段性保证担保的，要调查开发商的经营情况、信用情况等

C. 对保证人为自然人的，应查验贷款保证人提供的资信证明材料是否真实有效

D. 与银行合作情况主要包括是否在银行有房地产开发贷款、以前合作是否顺利等

E. 保证人为法人，则其一定具备保证资格

88. 贷款发放前，应落实有关贷款发放条件，其主要包括(　　)。

A. 确保借款人首付款已全额支付或到位

B. 需要办理保险、公证等手续的，有关手续已经办理完毕

C. 对采取抵(质)押和抵押加阶段性保证担保方式的贷款，要落实贷款抵(质)押手续

D. 对自然人作为保证人的，应明确并落实履行保证责任的具体操作程序

E. 对采取抵(质)押和抵押加阶段性保证担保方式的贷款，抵押物或质押物已经转移到银行

89. 贷款经办行对个人商用房贷款的贷后管理包括(　　)。

A. 客户关系维护　　B. 押品管理　　C. 违约贷款催收

D. 贷后检查　　E. 贷后监测

90. 深入了解个人住房贷款客户还款意愿的方法有(　　)。

A. 如果是老客户，可以检查以往账户记录、还款记录及当前贷款状态

B. 深入查验客户的工资收入真实性

C. 如果是新客户，可以通过职业、家庭、教育、年龄、稳定性等个人背景因素综合判断

D. 坚持贷款面谈制度，对申请人的还款意愿从细节上进行把握

E. 验证客户租金收入的真实性

91. 对于金融机构来说，个人贷款业务的重要意义有(　　)。

A. 开展个人贷款业务可以为商业银行带来新的收入来源

B. 个人贷款业务可以帮助银行分散风险

C. 商业银行从个人贷款业务中除了获得正常的利息收入外，通常还会得到一些相当的服务费收入

D. 无论是单个贷款客户的集中还是贷款客户在行业内或地域内的集中，个人贷款都不同于企业贷款，因而可以成为商业银行分散风险的资金运用方式

E. 个人贷款业务的发展，为实现城乡居民的有效消费需求、极大地满足广大消费者的购买欲望起到了融资的作用

92. 风险限额是指银行业金融机构根据外部经营环境、整体发展战略和风险管理水平，为反映整个机构组合层面风险，针对具体(　　)等设定的风险总量控制上限，是其在特定领域所愿意承担风险的最大限额。

A. 区域　　B. 贷款品种　　C. 客户群

D. 行业　　E. 借款人群

93. 个人保证贷款的特点有(　　)。

A. 个人保证贷款手续简便，贷款办理时间短，环节少

B. 只要保证人愿意提供保证，银行经过核保认定保证人具有保证能力，签订保证合同即可

C. 整个过程涉及银行、借款人和保证人三方

D. 如果贷款出现逾期，银行可直接向保证人扣收贷款，无须经过法律程序

E. 出现纠纷时一般也不通过法律程序，由三方协商解决

94. 个人贷款的贷前调查是控制贷款风险最重要的环节，贷前调查的方式主要有(　　)。

A. 与借款申请人面谈　　B. 审查借款申请材料

C. 电话调查　　D. 实地调查

E. 登记台账

95. 个人住房贷款的贷前调查中，对开发商资信调查的内容具体包括(　　)。

A. 企业合法经营和依法纳税情况审查　　B. 企业财务状况和资金实力情况审查

C. 企业信用程度审查　　D. 企业开发资质审查

E. 企业管理层的决策能力审查

96. 个人贷款的特征包括(　　)

A. 贷款品种多　　B. 贷款便利　　C. 还款方式灵活

D. 贷款用途广　　E. 贷款需要抵押或担保

97. 个人贷款申请应具备的条件包括(　　)。

A. 贷款用途明确合法　　B. 贷款申请数额、期限和币种合理

C. 借款人具备还款意愿和还款能力　　D. 借款人信用状况良好，无重大不良信用记录

E. 必须拥有抵押资产

98. 在个人征信异议处理工作中常常遇到的异议申请的类型主要有(　　)。

A. 认为某一笔贷款或信用卡本人根本就没申请过

B. 认为贷款或信用卡的逾期记录与实际不符

C. 身份、居住、职业等个人基本信息与实际情况不符

D. 对担保信息有异议

E. 对征信管理部门有异议

99. 市场风险包括(　　)。

A. 利率风险　　B. 汇率风险　　C. 违约风险

D. 商品风险　　E. 流动性风险

100.《汽车贷款管理办法》与《汽车消费贷款管理办法(试点办法)》的不同点包括(　　)。

A. 调整了贷款人主体范围　　B. 细化了借款人类型

C. 减少了贷款购车的品种　　D. 增加了二手车贷款

E. 扩大了贷款购车的品种

101. 办理个人经营贷款时,担保机构应具备的基本准入资质包括(　　)。

A. 具备符合担保业务要求的人员配置、业务流程和系统支持

B. 具有一定的信贷担保经验,原则上应从事担保业务一定期限,信用评级达到一定的标准

C. 公司及其主要经营者无任何不良信用记录

D. 注册资金达到一定的规模

E. 原则上应要求其与贷款银行进行独家合作

102. 个人贷款定价应遵从的原则有(　　)。

A. 参照市场价格原则　　B. 成本收益原则

C. 逆经济周期原则　　D. 风险定价原则

E. 组合定价原则

103. 个人贷款应当遵循(　　)的原则。

A. 依法合规　　B. 审慎经营　　C. 自主经营

D. 平等自愿　　E. 公平诚信

104. 个人汽车贷款贷后与档案管理的内容有(　　)。

A. 贷款的回收　　B. 合同变更　　C. 贷前检查

D. 不良贷款管理　　E. 贷后档案管理

105. 个人征信系统依法采集和保存的全国银行信贷信用信息,主要包括(　　)。

A. 个人在商业银行的身份验证信息　　B. 个人在商业银行的借款信息

C. 个人的存款信息　　D. 个人在商业银行的担保信息

E. 个人在商业银行的抵押信息

三、判断题(共10题,每题1分,共10分。请判断以下各小题的正误,正确的为A,错误的为B)

106. 贷款申报机构(部门)申请复议时,须针对前次审批提出的不同意理由补充相关资料,原信贷审批部门收到申请后应安排对该笔业务的复议。(　　)

107. 贷款的合同填写人与合同审查人不得为同一人。(　　)

108. 个人住房贷款在贷款期间,当保证人发生变更时,银行应当终止贷款合同。(　　)

109. 合同履行期间,须变更借款合同主体的,经审批同意后,贷款银行与变更后的借款人、担保人须签订原合同的变更补充协议。(　　)

110. 贷款的支付方式只有柜面还款一种方式。(　　)

111. 次级贷款是指借款人虽能还本付息,但已存在影响贷款本息及时、全额偿还的不良因素。(　　)

112. 个人贷款定价中,利率调整的周期较短或实行浮动利率制,利率风险将基本由借款人承担,为公平合理起见,利率风险加点可相应提高。(　　)

113. 个人耐用消费品贷款期限一般为1~3年,最长不超过5年(含5年)。(　　)

114. 个人住房贷款的对象应是具有完全民事行为能力的中华人民共和国公民或符合国家有关规定的境外自然人。(　　)

115. 个人汽车贷款所购车辆按注册登记情况可以划分为新车和二手车。(　　)

《个人贷款》真题试卷(三)

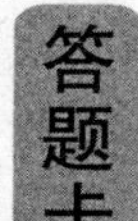

本试卷采用虚拟答题卡技术，自动评分

考生扫描右侧二维码，将答题选项填入虚拟答题卡中，题库系统可自动统计答题得分，生成完整的答案及解析。题库系统根据考生答题数据，自动收集整理错题，记录考生薄弱知识点，方便考生在题库系统中查漏补缺。

随书赠送智能题库获取方式见书背面

一、单项选择题(本大题共80小题,每小题0.5分,共40分。在以下各小题所给出的四个选项中,只有一个选项符合题目要求,请将正确选项的代码填入括号内)

1. 关于我国现有个人贷款业务的特征,下列说法不正确的是(　　)。
A. 个人贷款业务的办理较为便利
B. 客户可在网上银行、金融超市办理个人贷款业务
C. 可采取灵活多样的还款方式,但还款方式一经确定中途不可变更
D. 还款方式有等额本息还款法、等额本金还款法、等比累进还款法、等额累进还款法及组合还款法等多种方法

2. 下列哪种担保方式不转移对法定财产的占有(　　)。
A. 抵押担保　B. 质押担保　C. 信用担保　D. 保证担保

3. (　　)促进了个人住房贷款的产生和发展。
A. 国内消费和创业需求的增长　B. 住房制度的改革
C. 商业银行股份制改革　D. 个人信用制度的完善

4. 2010年2月12日,国务院银行业监督管理机构颁布了(　　)。
A.《关于开展个人消费信贷的指导意见》　B.《个人贷款管理暂行办法》
C.《汽车贷款管理办法》　D.《贷款通则》

5. 在发放学生信用卡之前,发卡银行必须落实第二还款来源,学生信用卡的第二还款来源方不包括(　　)。
A. 父母　B. 监护人
C. 没有正常收入的同学　D. 法律允许的其他管理人

6. 个人消费类贷款不包括(　　)。
A. 个人汽车贷款　B. 个人教育贷款　C. 个人住房贷款　D. 个人商用房贷款

7. 根据贷款性质的不同,个人教育贷款可分为(　　)。
A. 国家助学贷款和国家奖学金　B. 国家助学贷款和商业助学贷款
C. 国家助学贷款和贫困学生生活补助　D. 商业助学贷款和出国留学贷款

8. 公积金个人住房贷款实行(　　)的利率政策。
A. 高进高出　B. 高进低出　C. 低进高出　D. 低进低出

9. 商业助学贷款实行的原则不包括(　　)。
A. 部分自筹　B. 有效担保　C. 风险补偿　D. 专款专用

10. 国家助学贷款的发放方式是(　　)。
A. 借款人一次申请、贷款银行一次审批、单户核算、一次发放
B. 借款人多次申请、贷款银行一次审批、单户核算、一次发放
C. 借款人一次申请、贷款银行一次审批、单户核算、分次发放
D. 借款人多次申请、贷款银行一次审批、单户核算、分次发放

11. 我国规模最大的个人贷款产品为(　　)。
A. 个人经营性贷款　B. 个人教育贷款　C. 个人住房贷款　D. 个人汽车贷款

12. 下列关于个人消费贷款的表述中,错误的是(　　)。
A. 个人可以向银行申办个人耐用消费品贷款用于在银行指定的商户处购买乐器
B. 个人旅游消费贷款的借款人可选择知名的各类旅行社(公司)组织的国内、外旅游
C. 市民为解决其儿女伤病就医时的资金短缺问题,可以填写经特约医院签章认可的贷款申请书,持医院出具的诊断证明及住院证明到开展个人医疗贷款业务的银行申办贷款
D. 个人可以多种渠道办理个人消费贷款,既可以通过个人贷款服务中心或金融超市办理个人贷款业务,还可以通过网络办理

13. 借款人所购汽车为二手车的,贷款额度不得超过所购汽车价格的(　　)。
A. 80%　B. 60%　C. 70%　D. 50%

14. 下列财产可以用于抵押的是(　　)。
A. 土地所有权　B. 幼儿园的教育设施
C. 私营企业被依法查封的资产　D. 国有企业总经理私人拥有的汽车

15. 个人贷款的贷前调查内容不包括(　　)。
A. 借款用途　B. 借款人收入情况
C. 材料一致性　D. 借款人所任职企业的财务状况

16. 下列不属于公积金个人住房贷款业务操作模式的是(　　)。
A. "银行受理、审核审批,公积金管理中心操作"模式
B. "公积金管理中心受理、审核和审批,银行操作"模式
C. "银行受理、公积金管理中心审核审批,银行操作"模式
D. "公积金管理中心和承办银行联动"模式

17. 本次贷款的月还本付息额2350元,所购房产的月物业管理费预计150元,其他债务月均偿付额300元,借款人月均收入5000元。依据《商业银行房地产贷款风险管理指引》,审查其房产支出与收入比,债务与收入比两项指标,下列表述正确的是(　　)。
A. 房产支出与收入比未达到条件、债务与收入比达到条件
B. 两项指标均达到条件
C. 房产支出与收入比达到条件、债务与收入比未达到条件
D. 两项指标均未达到条件

18. 在个人贷款管理原则中,(　　)可以加强商业银行的内部控制,防范操作风险。
A. 诚信申贷原则　B. 协议承诺原则　C. 审贷分离原则　D. 实贷实付原则

19. 在现行政策中,个人住房贷款最低首付款比例为(　　)。
A. 20%　B. 25%　C. 30%　D. 40%

20. 借款人李女士提供配偶名下一套住宅作为抵押物向银行申请贷款,该套房产为2010年取得,借款人提供的结婚证显示2014年登记,后借款人提供了2012年离婚证,为其与现任丈夫离婚,离婚协议中约定抵押房产归借款人所有。借款人夫妇出具声明,说明该抵押物为前次婚姻内购买房产,离婚时分给借款人,但一直未办理过户手续,银行应采取(　　)措施防范抵押权风险。
A. 借款人夫妻双方确认房产归借款人配偶所有,配偶出具同意抵押的书面材料
B. 借款人重新申请贷款,配偶出具同意抵押的书面证明,借款人未提供前次婚姻内容
C. 抵押人应与实际房屋所有权人一致,应当变更房屋所有权证书后重新申请贷款
D. 借款人夫妇出具声明,确认前次婚姻内购买房产,离婚时分给借款人,配偶出具同意抵押的书面证明

21. 下列关于个人住房贷款的特征的说法中,错误的是(　　)。
A. 贷款期限长　　B. 大多以抵押为前提建立借贷关系
C. 风险具有系统性特点,风险相对较低　　D. 风险管理难度相对较大
22. 个人住房贷款中开发商提供阶段性担保的时间是(　　)。
A. 贷款发放日至贷款行收到房产证期间　　B. 贷款发放日至借款人取得契证期间
C. 贷款发放日至贷款行取得他项权证期间　　D. 办妥抵押登记前
23. 下列关于合作机构管理的说法中,不正确的是(　　)。
A. 银行为了取得客户资源,提高市场份额,因此合作机构资质水平的考察不重要
B. 与外部机构合作是当前和今后一段时间个人住房贷款业务开展的主要方式
C. 专业从事担保业务的中介担保公司,是商业银行个人住房贷款业务的重要合作机构
D. 合作机构的资金实力对商业银行的个人住房贷款风险管理水平有着重要的影响作用
24. 在一手个人住房交易中,在借款人购买的房屋没有办好抵押登记之前,由(　　)提供阶段性或全程担保。
A. 经纪公司　　B. 借款人　　C. 开发商　　D. 有担保能力的第二人
25. 下列关于个人汽车贷款的审批的说法中,不正确的是(　　)。
A. 贷款审批人应根据审查情况签署审批意见,对不同意贷款的应写明拒批理由
B. 对须补充材料后再审批的,应详细说明需要补充的材料名称与内容
C. 对同意或有条件同意贷款的,如贷款条件与申报审批的贷款方案内容不一致的,应提出明确的调整意见
D. 贷款审批人签署审批意见后,应将审批表连同有关材料一并妥善存档
26. 个人商用房贷款贷后管理相关工作由(　　)负责。
A. 贷款经办行　　B. 信贷管理部门
C. 贷款经办行及信贷管理部门共同　　D. 金融公司
27. 在个人住房贷款的审批环节,“否决”表示不同意按申报的方案办理该笔业务。下列各选项中关于“否决”后采取行动的说法中,错误的是(　　)。
A. 发表“否决”意见应说明具体理由
B. 对于决策意见为否决的业务,申报机构认为有充分的理由时,可提请复改
C. 申请复议时申报机构须针对前次审批提出的不同意理由补充相关资料,原信贷审批部门有权界定是否安排对该笔业务的复议
D. 对原申报业务报批材料中已提供的材料,必须再次提供
28. 下列关于借款合同的填写和审核的说法中,错误的是(　　)。
A. 合同填写必须做到标准、规范、要素齐全、数字正确、字迹清晰、不错漏、不潦草,防止涂改
B. 合同文本要使用统一格式的个人贷款的有关合同文本,对单笔贷款有特殊要求的,可以在合同中的其他约定事项中约定
C. 合同填写完毕后,填写人员应及时复核或将有关合同文本交合同复核人员进行复核
D. 需要填写空白栏,且空白栏后有备选项的,在横线上填好选定的内容后,对未选的内容应加横线表示删除;合同条款有空白栏,但根据实际情况不填写内容的,应加盖“此栏空白”字样的印章
29. 下列关于个人贷款合同的说法中,错误的是(　　)。
A. 应使用统一格式的个人贷款的有关合同文本
B. 对不准备填写内容的空白栏不需再做处理
C. 同笔贷款的合同填写人与合同复核人不得为同一人
D. 对采取抵押担保方式的,应要求抵押物共有人在相关合同文本上签字
30. 下列关于个人贷款合同文本填写的说法中,错误的是(　　)。
A. 填写合同时,必须做到标准、规范、要素齐全
B. 填写合同时,必须做到不错漏、不潦草
C. 填写合同时,必须做到数字正确、字迹清晰
D. 填写合同时,贷款金额和贷款期限经双方协商后可涂改,但须加盖双方印章
31. 下列关于个人住房贷款的表述中,错误的是(　　)。
A. 公积金个人住房贷款实行“低进低出”的利率政策
B. 自营性个人住房贷款也称商业性个人住房贷款
C. 个人住房组合贷款不追求营利,是一种政策性贷款
D. 个人住房贷款是指银行向自然人发放的用于购买、建造和大修理各类型住房的贷款
32. 下列关于个人经营贷款的表述中,错误的是(　　)。
A. 贷款借款人须具有稳定的收入来源和按时足额偿还贷款本息的能力,借款人月所有债务支出(本笔贷款的月还款额+其他债务月均偿付额)与月收入之比不超过55%
B. 贷款期限一般不超过5年,业务实践中,银行根据采用的担保方式、借款人经营活动以及借款人还款能力等因素确定贷款期限
C. 借款人要具有合法的经营资格
D. 借款人要具有良好的信用记录和还款意愿
33. 个人住房贷款真正的快速发展以(　　)为标志。
A. 1992年银行部门出台了住房抵押贷款的相关管理办法
B. 1985年中国建设银行开展住房贷款业务
C. 1995年《个人住房担保贷款管理试行办法》的颁布
D. 1998年《个人住房贷款管理办法的颁布》
34. 个人质押贷款的风险控制重点是关注质物的真实性、合法性和(　　),防范操作风险。
A. 可变现性　　B. 价值稳定性　　C. 权利排他性　　D. 收益可预期性
35. 下列权利凭证中,(　　)不能作为个人住房贷款质押担保的质物。
A. 国家重点建设债券　　B. 个人活期储蓄存折
C. 个人定期储蓄存款存单　　D. 财政部发行的凭证式国债
36. 下列不属于判断借款申请人购车行为真实性的方法是(　　)。
A. 调查所购汽车的新旧程度　　B. 调查二手车的交易双方是否有亲属关系
C. 调查借款申请人对所购汽车的了解程度　　D. 调查所购买汽车价格与本地区价格是否差异很大
37. 贷前调查中,对个人住房贷款楼盘项目的调查内容不包括(　　)。
A. 开发商资信审查　　B. 项目审查
C. 购房合同　　D. 项目的实地考察
38. 对个人贷款楼盘项目本身的审查不包括(　　)。
A. 项目资料的完整性审查　　B. 项目合法性审查
C. 项目工程进度审查　　D. 项目实地考察

39. 在个人住房贷款业务中,民营背景的担保公司出现的“担保放大倍数”是指(　　)。
A. 担保公司向银行的贷款和营业收入的倍数
B. 担保公司对外提供担保的余额和营业收入的倍数
C. 担保公司对外提供担保的余额与自身实收资本的倍数
D. 担保公司提供给借款者的贷款与自身实收资本的倍数

40. 在个人住房贷款中,合作机构的主要风险表现形式不包括(　　)。
A. 担保公司担保放大倍数过大　　B. 评估机构房产评估价值失实
C. 开发商和中介机构的“假个贷”　　D. 住房公积金管理中心贷款期限调整

41. 个人住房贷款业务中,下列不属于“假个贷”防控措施的是(　　)。
A. 加强一线人员建设,严把贷款准入关　　B. 进一步完善风险保证金制度
C. 准确把握借款人的还款能力　　D. 积极利用法律手段,追究当事人刑事责任

42. 由不完善或有问题的内部程序、员工、信息科技系统以及外部事件所造成损失的风险类别是(　　)。
A. 信用风险　　B. 操作风险　　C. 市场风险　　D. 业务风险

43. 下列情形中,银行仍可继续与相应个人住房贷款合作机构开展合作的是(　　)。
A. 所进行的合作对银行业务拓展没有促进作用
B. 合作机构有违法违规经营行为
C. 合作机构经营出现明显问题
D. 前期与银行合作的存量业务出现少量不良贷款

44. 农村金融机构对优质与诚信农户客户的正向激励不包括(　　)。
A. 信用累积奖励　　B. 优惠利率　　C. 提高贷款额度　　D. 利息返还

45. 为加强对个人隐私的保护,中国人民银行对个人征信系统的安全管理采取的措施中不包括(　　)。
A. 查询记录　　B. 违规处罚　　C. 限定用途　　D. 分级管理

46. 个人汽车贷款业务的重要特征不包括(　　)。
A. 作为汽车金融服务领域的主要内容之一,在汽车产业和汽车市场中占有一席之地
B. 与汽车市场的多种行业机构具有密切联系
C. 贷款金额不大,大多属于长期贷款
D. 风险管理难度相对较大

47. (　　)年,中国人民银行颁布了《汽车消费贷款管理办法(试点办法)》。
A. 1980　　B. 1985　　C. 1995　　D. 1998

48. 在个人汽车贷款中,借款人须在贷款全部到期之前,提前(　　)天提出展期申请。
A. 10　　B. 15　　C. 30　　D. 60

49. 个人汽车贷款的贷款流程为受理—(　　)—发放。
A. 调查—审查—审批—签约　　B. 审查—调查—审批—签约
C. 调查—审查—签约—审批　　D. 审批—调查—签约—审查

50. 贷款受理人应对借款申请人提交的借款申请书及申请材料进行初审,初审环节的审查内容不包括(　　)。
A. 借款申请人所提交材料的规范性　　B. 借款申请人所提交材料的完整性
C. 借款申请人的主体资格　　D. 借款申请人所提交材料的真实性

51. 贷款银行在发放个人汽车贷款时,所认可借款人还款能力的证明材料,包括收入证明材料和(　　)。
A. 工作证明　　B. 资产证明　　C. 职称证明　　D. 学历证明

52. 及时了解开发商的工程进度,防止“烂尾”工程,这属于合作项目准入流程中的(　　)。
A. 准入调查　　B. 准入审查和审批
C. 签署合作协议　　D. 合作后的管理

53. 以“直客式”模式办理个人汽车贷款,不需要提交的申请材料是(　　)。
A. 合法有效的身份证件
B. 贷款银行认可的借款人还款能力证明材料
C. 汽车经销商出具的购车意向证明
D. 涉及保证担保的,须提供保证人同意提供担保的书面承诺及保证人保证能力的证明材料

54. 下列属于个人住房贷款操作风险防范措施的是(　　)。
A. 提高贷款经办人员职业操守和敬业精神
B. 业务合作中不过分依赖合作机构
C. 加强对借款人还款能力的甄别
D. 深入了解客户还款意愿

55. 在个人汽车贷款中,如借款所购车辆为商用车,借款人还需要提供(　　)。
A. 机动车行驶证　　B. 机动车统一购车发票
C. 所购车辆合法用于运营的证明　　D. 附加税完税证明

56. 下列(　　)不是普惠金融的主要服务对象。
A. 城镇低收入人群　　B. 残疾人
C. 微小企业　　D. 证券、保险从业人员

57. 下列不属于贷前调查中调查方式的是(　　)。
A. 实地调查　　B. 面谈借款申请人
C. 贷款回收考察　　D. 电话查问

58. 对于个人汽车贷款,银行在与保险公司合作过程中可能存在的风险不包括(　　)。
A. 保证保险的责任限制造成风险缺口
B. 保险公司依法解除保险合同,贷款银行的债权难以得到保障
C. 免责条款成为保险公司的“护身符”,贷款银行难以追究保险公司的保险责任
D. 保险公司不具备代理资格

59. 贷款中,单笔贷款的审查不包括(　　)。
A. 审查借款申请人提交材料的合规性
B. 审查贷前调查内容的完整性
C. 审查开发商的债权债务和为其他债权人提供担保的情况
D. 审查贷前调查人提交的《个人住房贷款调查审批表》和面谈记录

60. 根据国务院银行业监督管理机构的相关规定,在客户经理负责贷款调查人职责的情况下,个人贷款的审查人员应重点关注(　　)。
A. 客户经理的业务素质　　B. 客户经理的尽职情况
C. 客户经理的营销压力　　D. 客户经理的操作合规情况

61. 在审查个人商用房贷款借款人所提交的材料是否真实、合法时，审查的内容不包括(　　)。
A. 审查借款人、保证人、抵押人、出质人的身份证件是否真实、有效
B. 审查借款人提供的直接划拨账户是否是借款人本人的活期账户
C. 审查借款人户籍所在地是否在贷款银行所在地区
D. 审查抵(质)押物的权属证明材料是否真实，有无涂改现象
62. 经核查，征信服务中心如无法确认异议信息的正误，应(　　)。
A. 对该异议信息作特殊标注　　B. 对信息进行复核
C. 保留原信息　　D. 按申请人要求更改个人信用信息
63. 个人贷款的贷后与档案管理工作不包括(　　)。
A. 合同变更　　B. 借款人基本情况核实
C. 贷款的风险分类与不良贷款管理　　D. 贷款档案管理
64. 陈小姐是某公司职员，每月工资收入为人民币 8000 元，每月信用卡还款人民币 2500 元，每月支付保险费人民币 500 元，则其每月所有债务支出与收入比为(　　)。
A. 37.5%　　B. 31.3%　　C. 47.2%　　D. 53.5%
65. 贷款人应健全合同管理制度，有效防范个人贷款(　　)。
A. 信用风险　　B. 流动性风险　　C. 法律风险　　D. 违约风险
66. 贷款人应要求借款人以(　　)提出个人贷款申请，并要求借款人提供能够证明其符合贷款条件的相关资料。
A. 公开形式　　B. 书面形式　　C. 口头形式　　D. 正式形式
67. 对毕业后自愿到国家需要的艰苦地区、艰苦行业工作，服务期达到一定期限的借款学生，经批准可以(　　)方式偿还贷款本息。
A. 奖学金　　B. 减免　　C. 工资　　D. 国家补助
68. 对借款申请人提交的借款申请书及申请材料进行初审的是(　　)。
A. 贷款受理人　　B. 贷前调查人　　C. 贷款人　　D. 催款人
69. 对已利用贷款购买住房、又申请购买第二套(含)以上住房的，贷款首付款比例不得低于 40%，贷款利率不得低于中国人民银行公布的同期同档次基准利率的(　　)倍。
A. 1.1　　B. 1　　C. 1.2　　D. 2
70. 风险补偿专项资金由(　　)负责管理。
A. 各级国家助学贷款管理中心　　B. 财政部
C. 贷款商业银行　　D. 中央银行
71. 个人贷款业务中，债务人或者第三人不可以抵押的财产是(　　)。
A. 学校、幼儿园、医院等以公益为目的的事业单位的财产
B. 生产设备、原材料、半成品
C. 建设用地使用权
D. 正在建造的建筑物、船舶、航空器
72. 个人贷款原则上应当采用(　　)的方式向借款人交易对象支付。
A. 借款人受托支付　　B. 借款人自主支付　　C. 贷款人自主支付　　D. 贷款人受托支付
73. 个人汽车贷款按规定实行贷款人受托支付的情况下，贷款人须放款至(　　)在贷款人开立的存款账户。
A. 担保公司　　B. 汽车经销商　　C. 车辆管理部门　　D. 借款人

74. 在贷款审查环节，个人住房贷款的贷款人应建立和完善借款人的(　　)。
A. 抵押物审查和评价体系　　B. 信用记录和评价体系
C. 贷后审查和风险预警体系　　D. 还款意愿和审查体系
75. 力求在客户的心目中树立一种独特的观念，并以这种独特性为基础，将它运用到市场竞争中，这种营销策略是(　　)。
A. 专业化策略　　B. 差异化策略　　C. 分层营销策略　　D. 情感营销策略
76. 在购买健身器材时申请的贷款属于(　　)。
A. 个人耐用消费品贷款　　B. 设备贷款
C. 个人消费额度贷款　　D. 流动资金贷款
77. 信用报告查询相关档案资料保管期限为(　　)年。
A. 1　　B. 2　　C. 3　　D. 5
78. 个人贷款业务中，采用等额累进还款法时，收入水平下降的客户，可采用(　　)等办法使借款人分期还款额减少，以减轻借款人的还款压力。
A. 减少累进额、扩大累进间隔期　　B. 减少累进额、缩小累进间隔期
C. 增大累进额、扩大累进间隔期　　D. 增大累进额、缩小累进间隔期
79. 个人住房贷款中，对于银行来说，还本速度比较快，风险又相对较小的最常用的还款方式是(　　)。
A. 等额本息还款法　　B. 等比递增还款法
C. 等额本金还款法　　D. 到期一次性还本付息法
80. 下列不良资产率公式正确的是(　　)。
A.（次级类贷款 + 可疑类贷款 + 损失类贷款）/信贷资产总额
B.（次级类贷款 + 可疑类贷款）/信贷资产总额
C.（期初正常贷款转为不良贷款的余额）/信贷资产总额
D.（期初正常贷款转为不良贷款的余额 + 关注类贷款转为不良贷款的余额）/信贷资产总额

二、多项选择题（本大题共 25 小题，每小题 2 分，共 50 分。在以下各小题所给出的选项中，至少有两个选项符合题目要求，请将正确选项的代码填入括号内）

81. 商业银行应根据下列(　　)因素，合理确定商业性个人住房贷款的具体首付款比例和利率水平。
A. 借款人住房公积金缴存年限　　B. 当地市场利率定价自律机制
C. 借款人的信用状况　　D. 借款人的还款能力
E. 本机构个人住房贷款投放和风险防控政策
82. 能否发现“假个贷”，相关的一线经办人员责任重大，在具体操作时，要注意检查(　　)。
A. 借款人身份的真实性　　B. 借款人信用状况
C. 各类证件的真实性　　D. 申报价格的合理性
E. 借款人的偿债能力
83. “直客式”营销模式有利于银行(　　)。
A. 培育和发展长期、优质的客户群　　B. 提高风险防范能力
C. 做熟悉的客户，从而有效防止“假按揭”　　D. 全面了解客户需求
E. 开展全方位、立体式的业务拓展
84. 办理个人商用房贷款时，贷前调查的内容包括(　　)。
A. 借款申请人所提供的资料是否真实、合法和有效，借款行为是否自愿、属实，购房行为是否真实，并告知借款人须承担的义务与违约后果

B. 借款人收入来源是否稳定，是否具备按时足额偿还贷款本息的能力，收入还贷比是否符合规定

C. 通过查询银行特别关注客户信息系统、人民银行个人信息基础数据库，判断借款人资信状况是否良好，是否具有较好的还款意愿

D. 贷款年限加上借款人年龄是否符合规定

E. 借款人购买商用房的价格是否合理，是否符合规定的条件

85. 贷款经办行贷后管理和检查工作包括(　　)。

A. 定期查询银行相关系统

B. 检查违约贷款违约原因

C. 及时对违约贷款进行催收

D. 定期检查大额贷款及"一人多贷"借款人是否能按时偿还贷款本息，是否存在影响贷款按时偿还的因素

E. 定期了解借款人客户信息变化情况

86. 贷款调查人员验证借款人工资收入真实性的方法主要有(　　)。

A. 通过公积金数额验证　　B. 电话调查核实

C. 通过借款人缴纳个人所得税税单验证　　D. 面谈核实

E. 通过工资卡或存折入账流水验证

87. 押品管理是指押品的受理、审查、评估、权利设立、监控、返还与处置等一系列活动。押品管理应遵循的原则有(　　)。

A. 合法性原则　　B. 有效性原则　　C. 审慎性原则

D. 通用性原则　　E. 平衡制约原则

88. 对个人汽车贷款人的贷后审查的主要内容包括(　　)。

A. 有无发生影响借款人还款能力的突发事件　　B. 借款人的住所和联系电话是否变动

C. 借款人是否按期足额归还贷款　　D. 对经营类车辆应监测车辆经营收入的实际情况

E. 借款人工作单位、收入水平是否发生变化

89. 个人住房贷款中，银行对开发项目的项目调查包括(　　)。

A. 项目资料的完整性、真实性和有效性调查

B. 项目的实地考察

C. 项目的合法性调查

D. 项目工程进度调查

E. 项目资金到位情况调查

90. 对于宏观经济来说，开展个人贷款业务对于(　　)。

A. 实现城乡居民的有效消费需求具有积极的意义

B. 极大地满足广大消费者的购买欲望，起到了融资的作用

C. 启动、培育和繁荣消费市场起到了催化和促进的作用

D. 扩大内需，推动生产，支持国民经济持续、快速、健康和稳定发展起到了积极的作用

E. 带动众多相关产业的发展、促进整个国民经济的快速发展都具有十分重要的意义

91. 房地产的特性包括(　　)。

A. 独一无二　　B. 供给有限　　C. 流动性差

D. 用途多样　　E. 寿命长久

92. 个人贷款贷前调查的主要内容包括(　　)。

A. 借款人收入情况　　B. 借款人基本情况

C. 借款用途　　D. 借款人还款来源、还款能力及还款方式

E. 保证人担保意愿、担保能力或抵(质)押物价值及变现能力

93. 个人贷款贷前咨询的主要内容包括(　　)。

A. 申请个人贷款应具备的条件

B. 办理个人贷款的程序

C. 获取个人贷款申请书、申请表格及有关信息的渠道

D. 申请个人贷款须提供的资料

E. 个人贷款合同中的主要条款，如贷款利率、还款方式和还款额等

94. 个人贷款的贷款审批人在贷款审批时应审查(　　)。

A. 借款人资格和条件

B. 借款人提交的材料是否完整、合法、有效

C. 贷前调查人调查意见是否准确、合理

D. 对报批贷款的主要风险点及其风险防范措施是否合规有效

E. 借款用途是否符合银行规定

95. 个人贷款的贷款审批中，需要注意的事项包括(　　)。

A. 确保贷款申请资料合理，资料审查流程严密

B. 严格按流程逐级审批

C. 确保符合转授权规定

D. 确保业务办理符合银行政策和制度

E. 确保贷款方案合理

96. 个人贷款中，可作为权利质押物的是(　　)。

A. 提单　　B. 存款单

C. 专利权中的财产权　　D. 依法可以转让的商标专用权

E. 仓单

97. 商业助学贷款借款人、担保人出现(　　)情况，贷款银行有权采取停止发放尚未使用的贷款和提前收回贷款本息等措施。

A. 借款人、担保人(自然人)死亡或宣告死亡而无继承人或遗赠人或宣告失踪而无财产代管人

B. 借款人、担保人(自然人)破产、受刑拘留、监禁，以致影响债务清偿的

C. 担保人(非自然人)经营和财务状况发生重大的不利变化或已经法律程序宣告破产，影响债务偿还或丧失了代为清偿债务的能力

D. 借款人、担保人对其他债务有违约行为或因其他债务的履行，影响贷款银行权利实现的

E. 借款人身患重病，向所在学校申请休学1年，得到学校批准

98. 下列关于个人教育贷款的说法，正确的有(　　)。

A. 个人教育贷款是指银行向借款人本人或其直系亲属、法定监护人发放的用于满足其就学资金需求的贷款

B. 根据贷款性质的不同将个人教育贷款分为国家助学贷款和商业助学贷款

C. 国家助学贷款可以获得财政贴息

D. 只有四大国有银行可以办理国家助学贷款

E. 个人教育贷款多为信用类贷款，风险相对较低

99. 下列关于公积金个人住房贷款的说法，正确的有（　　）。

A. 也称作委托性个人住房公积金贷款

B. 贷款对象为住房公积金的缴存人

C. 贷款利率比自营性个人住房贷款利率低

D. 还款方式包括一次性还本付息、等额本息还款法、等额本金还款法

E. 贷款年限最长为 20 年

100. 下列属于个人教育贷款的特征的有（　　）。

A. 具有社会公益性，政策参与程度较高

B. 贷款期限长

C. 风险度相对较高

D. 大多以抵押物为前提建立借贷关系

E. 风险具有系统性

101. 下列属于个人教育贷款借款人还款能力风险的有（　　）。

A. 借款人为受教育人，毕业后一时难以找到工作，且家庭经济条件恶化，无法按计划偿还贷款

B. 借款人为受教育人父母，最近失业

C. 借款人因违规、违法行为被学校开除

D. 借款人与银行内部人员相互勾结骗取银行贷款

E. 借款人因学习成绩不好，未能拿到毕业证书

102. 下列属于个人经营贷款的有（　　）。

A. 中国银行的个人投资经营贷款　　B. 中国建设银行的个人助业贷款

C. 交通银行的个人商铺贷款　　D. 中国银行的个人商用房贷款

E. 中国光大银行的个人工程机械按揭贷款

103. 下列属于个人经营贷款中信用风险的主要内容的有（　　）。

A. 借款人还款能力发生变化

B. 担保机构有违法、违规经营行为

C. 借款人抵押物已被出租未被银行在准入时核实

D. 保证人担保能力发生变化

E. 抵押物价值发生变化

104. 个人征信系统的功能体现在（　　）。

A. 社会功能　　B. 舆论功能　　C. 法律功能

D. 政治功能　　E. 经济功能

105. 个人征信系统是我国社会信用体系的重要基础设施，是由中国人民银行组织各商业银行建立的个人信用信息共享平台。该数据库（　　）公民个人信用信息。

A. 采集　　B. 整理　　C. 筛选

D. 监管　　E. 保存

三、判断题（共 10 题，每题 1 分，共 10 分。请判断以下各小题的正误，正确的为 A，错误的为 B）

106. 个人汽车贷款保证保险中，投保人故意不履行如实告知义务的，保险人对于保险合同解除前发生的保险事故，保险公司可拒绝赔偿。（　　）

107. 个人医疗贷款一般由贷款银行和医保中心联合当地特定合作医院办理。（　　）

108. 对于一手个人住房贷款，银行最主要的合作单位是房地产经销商。（　　）

109. 个人商用房贷款须采取受托支付的方式，借款人须委托贷款经办行将贷款资金支付给符合合同约定用途的借款人交易对象。（　　）

110. 借款人申请商用房贷款，购买某知名品牌开发商商业用房，按中国银行保险监督管理委员会贷款支付管理规定，在未接到借款人支付申请和支付委托的情况下，不可直接将商用房贷款资金支付给房地产开发商。（　　）

111. 保证人经济实力下降或信用状况恶化是导致保证人担保能力下降的主要原因，这种风险会使保证担保对银行债权的保障能力降低，第二还款来源严重不足。（　　）

112. 贷款人应不定期跟踪分析评估借款人履行借款合同约定内容的情况，并作为与借款人后续合作的信用评价基础。（　　）

113. 根据《汽车贷款管理办法》，除国务院银行业监督管理机构及其派出机构批准经营人民币贷款业务的商业银行外，其他机构不得经营个人汽车贷款业务。（　　）

114. 国家助学贷款实行"财政贴息、风险补偿、信用发放、专款专用和按期偿还"的原则。（　　）

115. 住房公积金管理中心在保证住房公积金提取和贷款的前提下，可将住房公积金用于购买权益类证券。（　　）

《个人贷款》真题试卷(四)

答题卡

本试卷采用虚拟答题卡技术，自动评分

考生扫描右侧二维码，将答题选项填入虚拟答题卡中，题库系统可自动统计答题得分，生成完整的答案及解析。题库系统根据考生答题数据，自动收集整理错题，记录考生薄弱知识点，方便考生在题库系统中查漏补缺。

随书赠送智能题库获取方式见书背面

一、单项选择题(本大题共80小题，每小题0.5分，共40分。在以下各小题所给出的四个选项中，只有一个选项符合题目要求，请将正确选项的代码填入括号内)

1. 出于风险控制的目的，商业银行最忌讳的是(　　)。

A. 贷款发放分散　　B. 贷款比例过大

C. 贷款过于集中　　D. 贷款比例过小

2. 下列关于个人商用房贷款的表述，错误的是(　　)。

A. 个人商用房贷款利率不得低于人民银行规定的同期同档次利率的1.1倍

B. 采用第三方保证方式申请贷款的，借款人应提供贷款人可接受的第三方一般责任保证

C. 个人商用房贷款期限最长不超过10年

D. 贷款前应至少交付所购房产全部价款50%(商住两用房45%)

3. (　　)是指银行向个人发放的用于购买大额耐用消费品的人民币担保贷款。

A. 个人住房贷款　　B. 个人耐用消费品贷款

C. 个人教育贷款　　D. 个人消费信贷

4. 下列关于个人教育贷款的表述，错误的是(　　)。

A. 国家助学贷款可发放给经济困难的全日制初高中生

B. 个人教育贷款分为国家助学贷款和商业助学贷款

C. 国家助学贷款可用于支付学费和生活费

D. 国家助学贷款是国家运用金融手段支持教育的重要方式

5. 公路收费权、学校收费权等属于银行押品种类的(　　)。

A. 其他押品　　B. 应收账款

C. 金融质押品　　D. 商用房地产和居住用房地产

6. 下列关于个人消费贷款的表述中，不正确的是(　　)。

A. 个人汽车贷款所购车辆按用途可以划分为二手车贷款和商用车贷款

B. 根据贷款性质的不同可以将个人教育贷款分为国家助学贷款和商业助学贷款

C. 国家助学贷款实行“财政贴息、风险补偿、信用发放、专款专用和按期偿还”的原则

D. 商业助学贷款实行“部分自筹、有效担保、专款专用和按期偿还”的原则

7. 下列选项中，不属于按照担保方式划分的个人贷款产品的是(　　)。

A. 个人抵押贷款　　B. 个人质押贷款

C. 个人信用贷款　　D. 个人流动资金贷款

8. 在商业助学贷款中，当借款人和自然人保证人的工作单位及通信方式发生变更时，借款人应提前(　　)天通知贷款银行。

A. 10　　B. 15　　C. 20　　D. 30

9. 下列关于个人抵押贷款特点的表述，不正确的是(　　)。

A. 借款人向银行申请办理个人抵押授信贷款手续，取得授信额度后，借款人方可使用贷款

B. 借款人只需要一次性地向银行申请办理个人抵押授信贷款手续，取得授信额度后，便可以在有效期和贷款额度内循环使用

C. 个人抵押授信贷款具有明确的指定使用用途

D. 个人抵押授信贷款提供了一个有明确授信额度的循环信贷账户，借款人可使用部分或全部额度，一旦已经使用的余额得到偿还，该信用额度又可以恢复使用

10. (　　)是指自然人以合法有效、符合银行规定条件的质物出质，向银行申请取得的一定金额的贷款。

A. 个人抵押贷款　　B. 个人质押贷款　　C. 个人保证贷款　　D. 个人信用贷款

11. 到目前为止，我国个人贷款业务的发展经历了起步、发展和规范三个阶段，其中诱因不包括(　　)。

A. 公司信贷业务的蓬勃发展　　B. 国内消费和创业需求的增长

C. 商业银行股份制改革　　D. 国内住房制度改革

12. 下列关于个人汽车贷款的贷款额度的说法中，正确的是(　　)。

A. 所购车辆为商用传统动力汽车的，贷款额度不得超过所购车辆价格的50%

B. 所购车辆为自用传统动力汽车的，贷款额度不得超过所购汽车价格的70%

C. 所购车辆为商用新能源汽车的，贷款额度不得超过所购车辆价格的80%

D. 所购车辆为二手车的，贷款额度不得超过借款人所购汽车价格的70%

13. 我国各商业银行对个人贷款借款人都有限制性规定，一般为年龄在(　　)周岁、具有完全民事行为能力的自然人。

A. 18(含)~75(含)　B. 16(含)~60(含)　C. 16(含)~65(含)　D. 18(含)~65(含)

14. 下列各项中，不属于借款人权利的是(　　)。

A. 按合同约定提取和使用全部贷款

B. 在征得贷款人同意后，有权向第三人转让债务

C. 可以自主向主办银行或者其他银行的经办机构申请贷款并依条件取得贷款

D. 按借款合同约定及时清偿贷款本息

15. 2018年1月1日，小黄因购买一辆二手个人汽车向银行申请个人汽车贷款。经有关机构评估，该车的现价值为90万元，小黄可以获得的最高贷款额度为(　　)万元。

A. 36　　B. 45　　C. 63　　D. 72

16. 对于个人汽车贷款合同的变更与解除的说法中，错误的是(　　)。

A. 借款人在还款期限内死亡、宣告死亡、宣告失踪或丧失民事行为能力后，如果没有财产继承人或受遗赠人，或者继承人、受遗赠人拒绝履行借款合同的，贷款银行无权收回贷款，银行遭受意外损失

B. 当发生保证人失去保证能力或保证人破产、分立、合并等情况时，借款人应及时通知贷款银行，并重新提供贷款银行认可的担保

C. 如需办理抵(质)押变更登记的，还应到原抵(质)押登记部门办理变更抵(质)押登记手续及其他相关手续

D. 借款合同依法需要变更或解除的，必须经借贷双方协商同意，协商未达成之前借款合同继续有效

17. 高校在(　　)下达的年度贷款额度及控制比例内，组织学生申请国家助学贷款，并接受学生的借款申请。

A. 国务院银行业监督管理机构　　B. 中国人民银行

C. 全国学生贷款管理中心　　D. 贷款经办行的总行

18. 在贷款期限内每月只还贷款利息，贷款到期时一次性归还贷款本金的还款法是（　　）。

A. 等额累进还款法　　B. 组合还款法

C. 按月还息、到期一次性还本还款法　　D. 等额本金还款法

19. 借款人变更还款方式，需要满足的条件不包括（　　）。

A. 应向银行提交还款方式变更申请书

B. 借款人的贷款账户中没有拖欠本息及其他费用

C. 借款人在变更还款方式前已还清所有贷款利息

D. 借款人在变更还款方式前应归还当期的贷款本息

20. 根据《个人贷款管理暂行办法》的规定，在个人贷款业务中，按照合同约定办理抵押物登记的，贷款人应当（　　）；贷款人委托第三方办理的，应当（　　）。

A. 加强审查；对抵押物登记情况予以核实

B. 加强审查；审查第三方的资质

C. 参与；对抵押物登记情况予以核实

D. 参与；审查第三方的资质

21. 一般来讲，公积金个人住房贷款的发放方式是（　　）。

A. 资金以转账方式划入售房人账户

B. 借款人直接提取现金

C. 资金以转账方式划入借款人账户

D. 售房人直接提取现金

22. 借款人贷款本金为50万元，贷款期限为30年，采用按月等额本金还款法，月利率为0.49%，借款人第一期的还款额为（　　）元。

A. 2959.29　　B. 3757.22　　C. 3838.89　　D. 3832.08

23. 某贷款本金分三段偿还，利息根据实际的占用时间计算，则该还款方式属于（　　）。

A. 等额本息还款　　B. 等比累进还款　　C. 等额累进还款　　D. 组合还款

24. 老高因出差在外，未能及时归还贷款本息，这属于贷款形态中的（　　）。

A. 次级贷款　　B. 关注贷款　　C. 正常贷款　　D. 可疑贷款

25. 关于个人贷款业务中贷款合同的填写，下列表述错误的是（　　）。

A. 贷款发放人应根据审批意见确定应使用的合同文本并填写合同，在签订有关合同文本前，应履行充分告知义务

B. 对采取抵押担保方式的，抵押物共有人可以不必当面签署个人汽车借款抵押合同

C. 合同填写必须做到标准、规范、要素齐全、数字正确、字迹清晰、不错漏、不潦草，防止涂改

D. 贷款金额、贷款期限、贷款利率、担保方式和还款方式等有关条款要与最终审批意见一致

26. 下列关于《个人信用信息基础数据库管理暂行办法》的说法中，错误的是（　　）。

A. 明确个人信用数据库是中国人民银行组织商业银行建立的全国统一的个人信用信息共享平台

B. 规定了信用信息保密原则

C. 规定了个人信用数据库采集个人信用信息的范围和方式

D. 规定商业银行和征信服务中心在采集信息时应结合自身的主观判断

27. 下列关于个人借款合同签订的说法中，错误的是（　　）。

A. 借款人、保证人为自然人的，应当面核实签约人身份证明之后由签约人当场签字

B. 保证人为法人的，保证方签字人应为其高级管理人员

C. 对采取抵押担保方式的，应要求抵押物共有人在相关合同文本上签字

D. 如果签约人委托他人代替签字，签字人必须出具委托人委托其签字并经公证的委托授权书

28. 下列对于贷款发放条件的表述中，错误的是（　　）。

A. 对自然人作为保证人的，应明确并落实履行保证责任的具体操作程序，对保证人有保证金要求的，应要求保证人在银行存入一定期限的还本付息额的保证金

B. 对采取委托扣划还款方式的借款人，要确认其已在银行开立还本付息账户用于归还贷款

C. 需要办理保险、公证等手续的，有关手续可以在贷款发放之后按约定办理

D. 对采取抵（质）押的贷款，要落实贷款抵（质）押手续

29.（　　）是指贷款人根据借款人的提款申请和支付委托，将贷款资金支付给符合合同约定用途的借款人交易对象。

A. 借款人受托支付　　B. 借款人委托支付　　C. 贷款人受托支付　　D. 贷款人委托支付

30.《个人贷款管理暂行办法》规定，对于借款人无法事先确定具体交易对象且金额不超过（　　）万元人民币的个人贷款，经贷款人同意可以采取借款人自主支付方式。

A. 30　　B. 100　　C. 50　　D. 80

31. 下列关于个人住房贷款分类的说法中，正确的是（　　）。

A. 按照住房交易形态划分，个人住房贷款包括自营性个人住房贷款、公积金个人住房贷款和个人住房组合贷款

B. 按照住房交易形态划分，个人住房贷款可分为个人再交易住房贷款、自营性个人住房贷款和个人住房转让贷款

C. 按照贷款利率的确定方式划分，个人住房贷款可分为固定利率贷款和浮动利率贷款

D. 按照资金来源划分，个人住房贷款包括新建房个人住房贷款、公积金个人住房贷款和个人住房组合贷款

32. 下列情形中，不可以申请公积金个人住房贷款的是（　　）。

A. 装修自有住房　　B. 建造自有住房

C. 购买商品房　　D. 翻建自有住房

33. 根据美国著名管理学家迈克尔·波特的竞争战略理论，（　　）策略的立足点不是放在争取新客户上，而是把工夫花在挽留老客户上。

A. 分层营销　　B. 交叉营销　　C. 大众营销　　D. 情感营销

34. 个人住房贷款的计息、结息方式，由（　　）。

A. 借贷双方协商确定　　B. 借方确定

C. 贷方决定　　D. 第三方确定

35. 个人住房贷款业务中，在房屋未办妥正式抵押登记前，普遍采取的担保方式为（　　）。

A. 保证　　B. 抵押加阶段性保证

C. 阶段性保证　　D. 预抵押

36. 按照现行政策，个人住房贷款的贷款额度最多不得超过所购住房市场价值的（　　）。

A. 90%　　B. 80%　　C. 70%　　D. 60%

37.（　　）是客户本人对信用报告中某些无法核实的异议所做的说明。

A. 异议说明　　B. 异议标注

C. 个人征信报告　　D. 本人声明

38. 下列关于商用房贷款期限调整的说法中，错误的是(　　)。
A. 期限调整包括延长期限和缩短期限等
B. 借款人缩短还款期限无须向银行提出申请
C. 借款人申请调整期限的贷款应无拖欠利息
D. 展期之后，全部贷款期限不得超过银行规定的最长期限

39. 为了保证个人信用信息的合法使用，中国人民银行制定和颁布的规章不包括(　　)。
A.《个人信用信息基础数据库管理暂行办法》
B.《个人信用信息基础数据库金融机构用户管理办法》
C.《个人信用信息基础数据库异议处理规程》
D.《个人信用信息基础数据库个人用户管理条例》

40. 对于宏观经济来说，(　　)不属于开展个人贷款业务的积极意义。
A. 对带动众多相关产业的发展、促进整个国民经济的快速发展都具有十分重要的意义
B. 对启动、培育和繁荣消费市场起到了催化和促进作用
C. 对扩大内需，推动生产，支持国民经济持续、快速、健康和稳定发展起到了积极的作用
D. 人们通过借款，改善生活条件，极大地提高了人们的生活质量

41. 下列不属于个人住房贷款合作机构风险的是(　　)。
A. 房产交易登记中心的操作风险　　B. 中介机构的欺诈风险
C. 担保公司的担保风险　　D. 房地产开发商的欺诈风险

42. 办理"直客式"个人汽车贷款需要提供的材料不包括(　　)。
A. 涉及保证担保的，需要提供保证人保证能力的证明材料
B. 购车首付款证明
C. 借款人还款能力证明材料
D. 由汽车经销商出具的购车意向证明

43. 商业银行分析个人住房贷款合作机构的偿债能力时，重点看(　　)。
A. 销售情况表　　B. 资产负债表　　C. 利润表　　D. 现金流量表

44. 贷款受理和调查中的风险不包括(　　)。
A. 借款申请人的主体资格不符合银行相关规定
B. 借款申请人所提交的材料不真实、不合法
C. 借款申请人的担保措施不足额或无效
D. 审批人对借款人的资格审查不严

45. 借款人、担保人在签署借款合同后，借款人在贷款期间发生任何违约事件，贷款银行可采取的措施不包括(　　)。
A. 向借款人单位追偿
B. 提前收回部分或全部贷款本息
C. 停止发放尚未使用的贷款
D. 要求增加所减少的相应价值的抵(质)押物或更换担保人

46. 下列关于个人经营贷款的表述中，错误的是(　　)。
A. 采取抵押担保的，贷款人应当与抵押人(或其代理人)到房产所在地的房地产登记机关或土地登记机关办理抵押登记，取得他项权证或其他证明文件
B. 个人经营贷款可以用于股权性投资等合理用途
C. 采取抵押担保的，贷款期限不得超过抵押房产剩余的土地使用权年限
D. 质押担保方式且期限在一年以内的，可采用到期一次性还本付息的还款方式

47. 国内最初的汽车贷款业务是作为促进国内汽车市场发展、支持国内汽车产业的金融手段而出现的，最早出现于(　　)年。
A. 1993　　B. 1994　　C. 1995　　D. 1996

48. 借款合同的变更，必须达到的要求是(　　)。
A. 经借贷双方协商同意，并依法签订变更协议
B. 经贷款方相关人员研究，通知借款人
C. 借款人向中国人民银行申请，银行同意后通知贷款方
D. 借款人有变更意向，并向贷款方申明

49. 个人汽车贷款中对经审批同意的贷款，应及时通知借款申请人以及其他相关人(包括抵押人和出质人等)，确认签约的时间，签署(　　)和相关担保合同。
A.《个人汽车贷款借款合同》
B.《个人住房贷款借款合同》
C.《个人教育贷款借款合同》
D.《关于开展个人消费信贷的指导意见》

50. 个人住房贷款审批通过的，经办银行应与借款人、开发商签订个人住房贷款合同，明确各方权利义务，下列不属于贷款合同约定事项的是(　　)。
A. 贷款支付方式　　B. 贷款支付金额
C. 贷款支付对象　　D. 贷款支付日期

51. (　　)是指互联网平台或服务器存在系统漏洞、缺陷或者受到黑客攻击等导致系统无法正常运营及客户信息泄露的风险。
A. 信用风险　　B. 政策风险　　C. 资本金风险　　D. 技术风险

52. 下列关于个人汽车贷款贷前调查的说法中，错误的是(　　)。
A. 可通过审查借款申请材料、面谈借款申请人、查询个人信用、实地调查和电话调查等多种方式进行
B. 贷前调查人应通过面谈了解借款申请人的基本情况、贷款用途
C. 贷前调查人主要以电话调查方式了解申请人抵押物状况
D. 贷前调查应以实地调查为主、间接调查为辅

53. 个人汽车贷款的借款人需要为贷款所购车辆购买指定险种的车辆保险，并在保险单中明确第一受益人为(　　)。
A. 担保公司　　B. 保证人　　C. 贷款银行　　D. 借款人

54. 个人汽车贷款发放的具体流程为(　　)。
A. 放款通知—出账前审核—开户放款
B. 出账前审核—开户放款—放款通知
C. 开户放款—出账前审核—放款通知
D. 出账前审核—放款通知—开户放款

55. 银行记账日至发卡银行规定的到期还款日之间为免息还款期。免息还款期最长为(　　)天。
A. 30　　B. 60　　C. 90　　D. 120

56. 下列关于个人汽车贷款合同填写、审核和签订的说法，不正确的是（　　）。
A. 在签订有关合同文本前，贷款发放人应履行充分告知义务
B. 合同填写并经银行填写人员复核无误后，贷款发放人应负责与借款人、担保人签订合同
C. 同笔贷款的合同填写人与合同复核人可以为同一人
D. 对以共有财产抵押担保的，贷款发放人应要求抵押物共有人当面签署个人汽车借款抵押合同
57. 下列关于汽车贷款业务操作的表述中，正确的是（　　）。
A. 汽车经销商向客户推荐银行贷款，客户经理面谈客户，进行贷前调查
B. 信贷员应审核购车发票原件、机动车登记证原件后留存复印件，将原件退还借款人
C. 因借款人还款能力下降，银行同意将原贷款期限为 4 年的贷款展期 2 年
D. 由于近期商用车价格上涨，信贷员将贷款额度调整至车价的 80%
58. 下列选项中，不属于个人商用房贷款合作机构风险的防控措施的是（　　）。
A. 加强对开发商及合作项目审查
B. 业务合作中不过分依赖合作机构
C. 加强对合作机构的信用检查和监督
D. 加强对估值机构、地产经纪和律师事务所等合作机构的准入管理
59. 个人商用房贷款操作风险的主要内容不包括（　　）。
A. 借款人还款能力变化风险　　B. 贷后管理中的风险
C. 贷款签约和发放中的风险　　D. 贷款受理、调查、审查、审批中的风险
60. 个人商用房贷款越权发放属于（　　）。
A. 信用风险　　B. 系统风险
C. 操作风险　　D. 法律风险
61. 下列关于个人征信系统管理模式的说法中，错误的是（　　）。
A. 个人征信系统由中国人民银行直属单位——中国金融电子化公司开发完成
B. 对用户实行分级管理、权限控制、身份认证、活动跟踪、查询监督的政策
C. 对已发放的个人信贷进行贷后风险管理时，商业银行查询个人信用报告必须要取得被查询人的书面授权
D. 书面授权可以通过在贷款、贷记卡、准贷记卡以及担保申请书中增加相应条款取得
62. 商业银行可以查询个人信用信息基础数据库的情形和条件中，下列表述错误的是（　　）。
A. 查询前须经当事人书面或口头授权
B. 审核是否接受个人作为担保人时
C. 审核个人贷款、信用卡申请时
D. 对已发放的个人贷款及信用卡进行信用风险跟踪管理时
63. 下列属于我国个人征信系统目前的查询主体的是（　　）。
A. 商业银行、金融监管机构、司法部门、个人
B. 商业银行、金融监管机构、担保机构、个人
C. 商业银行、金融监管机构、司法部门、担保机构
D. 商业银行、司法部门、担保机构、个人
64. 下列选项中不能作为个人质押贷款的质物的是（　　）。
A. 汇票、支票、本票　　B. 债券、存款单
C. 应付账款　　D. 可以转让的基金份额、股权

65. 个人汽车贷款中所指的汽车价格指的是（　　）。
A. 汽车实际成交价格
B. 汽车标示的价格
C. 汽车实际成交价格加上各类附加税、费及保费
D. 汽车实际成交价格（不含各类附加税、费及保费）与汽车生产商公布的价格的较低者
66. 国家助学贷款采用（　　）贷款的方式。
A. 抵押　　B. 质押　　C. 信用　　D. 担保
67. 个人住房贷款的贷前调查人应该至少直接与借款申请人（包括共同申请人）面谈（　　）次。
A. 1　　B. 2　　C. 3　　D. 4
68. 个人住房贷款的质押担保主要是权利质押，还没有普遍作为质押担保物的是（　　）。
A. 保单　　B. 国债　　C. 股票　　D. 存单
69. 根据《中华人民共和国担保法》规定，当事人对保证担保的范围没有约定或者约定不明确的，保证人应（　　）。
A. 按照一般保证承担保证责任　　B. 对全部债务承担责任
C. 保证合同无效　　D. 保证人任意选择一般保证或连带责任保证方式
70. 各商业银行个人汽车贷款审批人审批贷款须确保符合授权规定，对超出审批人权限的大额高档汽车的贷款应该（　　）。
A. 正常审批　　B. 要求借款人增加首付款
C. 报上级有权审批行审批　　D. 退回调查人不予审批
71. 根据《担保法》规定，关于办理抵押物登记部门的表述，错误的是（　　）。
A. 以航空器、船舶、车辆抵押的，为运输工具的登记部门
B. 以城市房地产或者乡（镇）、村企业的厂房等建筑物抵押的，为市级以上地方人民政府规定的部门
C. 以无地上定着物的土地使用权抵押的，为核发土地使用权证书的土地管理部门
D. 以林木抵押的，为县以上林木主管部门
72. 根据《个人贷款管理暂行办法》的规定，贷款人应按区域、品种、客户群等维度建立个人贷款（　　）管理制度。
A. 风险限额　　B. 还款记录
C. 信用评级　　D. 担保情况
73. 根据《个人贷款管理暂行办法》的规定，贷款人应加强对贷款的发放管理，遵循（　　）分离的原则，设立（　　）放款管理部门或岗位，落实放款条件，发放满足约定条件的个人贷款。
A. 前台与后台；独立的　　B. 调查与审查；专门的
C. 前台与后台；专门的　　D. 审贷与放贷；独立的
74. 下列关于个人经营贷款的表述中，错误的是（　　）。
A. 对有共有人的抵押房产，还应审查共有人是否出具了同意抵押的书面证明
B. 贷后检查中，还需特别关注企业财务经营状况和项目进展情况
C. 对借款人拟提供的贷款抵押房产进行双人现场核实
D. 个人经营贷款的还款方式有多种，比较常用的是等额本息还款法、等额本金还款法两种
75. 公积金个人住房贷款实行"存贷结合、先存后贷、（　　）和贷款担保"的原则。
A. 整借整还　　B. 零借整还　　C. 整借零还　　D. 零借零还

76. 个人住房贷款的合同有效性风险不包括(　　)。
A. 格式条款无效的风险
B. 未履行法定提示义务的风险
C. 格式条款与非格式条款不一致的风险
D. 抵押物重复抵押的风险

77. 以下关于个人贷款还款方式的表述,正确的是(　　)。
A. 等额累进还款法是指借款人在每个时间段以一定比例累进的金额偿还贷款,按还款间隔逐期归还,在贷款截止日期前全部还清本息
B. 等额本金还款法是指在贷款期内每月以相等的额度平均偿还贷款本息
C. 到期一次性还本付息法是指借款人须在贷款到期日还清贷款本息,利随本清
D. 等额本息还款法是指在贷款期内每月等额偿还贷款本金,贷款利息随本金逐月递减

78. 下列关于代理人法律责任的表述中,错误的是(　　)。
A. 代理人知道被委托代理的事项违法仍然进行代理活动的,或者被代理人知道代理人的代理行为违法不表示反对的,由被代理人和代理人负连带责任
B. 代理人和第三人串通,损害被代理人的利益的,由代理人负全部责任
C. 第三人知道行为人没有代理权、超越代理权或者代理权已终止还与行为人实施民事行为给他人造成损害的,由第三人和行为人负连带责任
D. 没有代理权、超越代理权或代理权终止后的行为,只有经过被代理人的追认,被代理人才承担民事责任

79. 个人经营贷款的信用风险不包括(　　)。
A. 借款人还款意愿下降　　B. 借款人贷款资料收集不完整
C. 保证人担保能力发生变化　　D. 抵押物价值发生变化

80. 目前,我国个人信用信息基础数据库系统的信息直接使用者不包括(　　)。
A. 数据主体本人　　B. 商业银行
C. 司法部门　　D. 数据主体本人的上级领导或单位

二、多项选择题(本大题共25小题,每小题2分,共50分。在以下各小题所给出的选项中,至少有两个选项符合题目要求,请将正确选项的代码填入括号内)

81. 以下关于个人贷款的说法中,正确的有(　　)。
A. 个人贷款是指贷款人向符合条件的自然人发放的用于个人消费、生产经营等用途的本外币贷款
B. 个人贷款业务属于商业银行贷款业务的一部分
C. 在商业银行,个人贷款业务是以主体特征为标准进行贷款分类的一种结果
D. 借贷合同关系的一方主体是银行,另一方主体是自然人
E. 按照是否有担保的不同,个人贷款产品可以分为个人消费类贷款和个人经营性贷款

82. 个人申请汽车贷款可以采取的担保措施有(　　)。
A. 质押　　B. 以所购车抵押
C. 房产抵押　　D. 第三方保证
E. 购买保险

83. 个人信用报告的内容包括(　　)。
A. 信息概要　　B. 信贷交易信息　　C. 个人基本信息
D. 公共信息　　E. 查询记录

84. 个人征信异议的种类包括(　　)。
A. 他人冒用或盗用个人身份获取贷款或信用卡,信用卡本人不知而认为根本就没有申请过
B. 个人的贷款按约定由单位或担保公司或其他机构代个人偿还,但单位或担保公司或其他机构没有及时到银行还款造成逾期,本人不知而认为没有逾期
C. 异议申请人当初在申请资料上填的是错误信息,而后来基本信息发生了变化却没有及时到银行去更新
D. 个人的亲戚或朋友以个人的名义办理了担保手续,个人忘记或根本不知道
E. 信用卡是单位或朋友替个人办的,但信用卡没有送到个人手上,个人认为从未申请

85. 信用卡按照发行对象不同分为(　　)。
A. 个人卡　　B. 联名卡　　C. 非联名卡
D. 标准卡　　E. 单位卡

86. 个人住房贷款贷前咨询的方式主要有(　　)。
A. 现场咨询　　B. 电话银行　　C. 窗口咨询
D. 网上银行　　E. 业务宣传手册

87. 个人住房贷款档案中,借款人的相关资料包括(　　)。
A. 委托转账付款授权书
B. 房屋他项权利证明书
C. 贷款银行认可部门出具的借款人经济收入和偿债能力证明
D. 符合规定的购买住房意向书、合同书或其他有效文件
E. 借款人身份证件(居民身份证、户口本或其他有效证件)

88. 在贷后检查中,抵押物的检查出现(　　),贷款人应限期要求借款人更换贷款银行认可的新的担保,对于借款人拒绝或无法更换贷款银行认可的担保的,应提前收回已发放的贷款的本息,或解除合同。
A. 抵押物被重复抵押
B. 因第三人的行为导致抵押物的价值减少,而抵押人未将损害赔偿金存入贷款银行指定账户的
C. 抵押人经贷款银行同意转让抵押物,但所得价款未用于提前清偿所担保的债权的
D. 抵押人未妥善保管抵押物或拒绝贷款银行对抵押物是否完好进行检查的
E. 抵押物毁损、灭失、价值减少,尚不足以影响贷款本息的清偿

89. 个人住房贷款的申请人,应该满足的条件包括(　　)。
A. 具有完全民事行为能力的自然人
B. 具有合法有效的身份或者居留证明
C. 具有偿还贷款本息的能力
D. 具有合法有效的购买住房合同
E. 能够提供银行认可的担保

90. 个人住房贷款业务中,贷款审批人审查的内容有(　　)。
A. 报批贷款的主要风险点及其风险防范措施是否合规有效
B. 借款人提供的材料是否完整
C. 贷前调查人的调查意见是否准确
D. 借款用途是否符合银行规定
E. 借款人的资格和条件是否具备

91. 根据《担保法》的规定，下列财产可以进行抵押的有（　　）。
A. 抵押人所有的房屋和其他地上定着物
B. 抵押人所有的机器
C. 抵押人依法有权处分的国有的机器
D. 抵押人依法承包并经发包方同意抵押的荒山、荒沟等荒地的土地使用权
E. 抵押人依法有权处分的国有的土地使用权
92. 商用房贷款申请人以书面形式提出贷款申请，填写借款申请表，并按银行要求提交相关申请材料，申请材料包括（　　）。
A. 借款人及其父母的有效身份证件、户籍证明
B. 借款人还款能力证明材料
C. 借款人与售房人签订的商品房销（预）售合同或房屋买卖协议原件
D. 拟购房产为共有的，须提供共有人同意抵押的证明文件
E. 借款申请表
93. 合作机构管理的风险防控措施包括（　　）。
A. 加强贷前调查，切实核查经销商的资信状况
B. 按照银行的相关要求，严格控制合作担保机构的准入
C. 动态监控合作担保机构的经营管理情况、资金实力和担保能力，及时调整其担保额度
D. 实时监控担保方是否保持足额的保证金
E. 严格按照履约保证保险有关规定拟定合作协议，约定履约保证保险的办理、出险理赔、免责条款等事项
94. 商业助学贷款流程包括（　　）。
A. 受理与调查　　B. 审查与审批　　C. 签约与发放
D. 支付管理　　E. 贷后管理
95. 贷款经办行贷后管理内容包括（　　）。
A. 押品管理　　B. 违约贷款催收
C. 贷后检查　　D. 贷前调查
E. 客户关系维护
96. 对于我国现有个人贷款业务的特征，下列说法中正确的有（　　）。
A. 个人贷款业务办理较为便利
B. 个人可以通过个人贷款服务中心或金融超市办理个人贷款业务，还可以通过网络办理
C. 各商业银行的个人贷款业务可以采取灵活多样的还款方式
D. 目前个人贷款还暂时不可以办理个人经营类贷款
E. 个人贷款既有单一性个人贷款，也有组合性个人贷款
97. 下列关于保证担保的表述中，正确的有（　　）。
A. 指保证人和贷款银行约定，当借款人不履行还款义务时，由保证人按照约定履行或承担还款责任的行为
B. 保证分为一般保证和连带责任保证
C. 借款人不还款和无能力还款时，保证人可以代替还款也可以不代其还款
D. 任何组织都可以作为保证人承担保证责任
E. 保证人是指具有代为清偿债务能力的法人、其他经济组织或自然人

98. 个人经营贷款业务中，存在（　　）的担保机构，银行应暂停与其合作。
A. 所进行的合作对银行业务拓展没有明显促进作用
B. 经营出现明显的问题
C. 有违法、违规经营行为
D. 同时与多家银行合作
E. 已合作的业务出现严重不良贷款
99. 个人住房贷款的贷前调查中，对借款人的调查内容包括（　　）。
A. 审核首付款证明　　B. 审核购房合同或协议
C. 审核贷款真实性　　D. 审核开发商资信
E. 审核担保材料
100. 发卡银行应加强信用卡风险资产认定，强化逾期资产管理，对逾期资产的处置方式包括（　　）。
A. 扣收　　B. 个性化分期还款
C. 再次发放信用卡套现还款　　D. 核销
E. 资产证券化
101. 个人贷款业务中，不能担任保证人的有（　　）。
A. 国家机关　　B. 医院　　C. 自然人
D. 学校　　E. 法人
102. 个人汽车贷款的特点为（　　）。
A. 在汽车产业和汽车市场发展中占有一席之地
B. 与汽车市场的多种行业机构具有密切关系
C. 与其他行业联系不大
D. 风险管理难度相对较大
E. 风险管理较为简单
103. 信用卡对账单必须包含的要素有（　　）。
A. 交易金额　　B. 风险提示　　C. 交易币种
D. 本期还款金额　　E. 使用说明
104. 根据使用对象的不同，个人征信系统提供不同版式的个人信用报告，包括（　　）。
A. 银行版　　B. 个人查询版
C. 政府版　　D. 征信中心内部版
E. 开放版
105. 人民银行提出在个人征信市场准入和业务活动开展中，要注重把握（　　）原则。
A. 效率优先　　B. 独立性
C. 公正性　　D. 个人信息隐私权益保护
E. 不良信用信息及时修复

三、判断题（共10题，每题1分，共10分。请判断以下各小题的正误，正确的为A，错误的为B）

106. 个人保证贷款仅包括以银行认可的、具有代位清偿债务能力的法人或其他经济组织作为保证人而向个人发放的贷款。（　　）
107. 个人经营贷款资金应按借款合同约定用途，只能向借款人的交易对象支付。（　　）
108. 个人汽车贷款的支付可通过贷款人受托支付或借款人自主支付的方式发放贷款资金。（　　）

109. 个人经营贷款的用途为借款人或其经营实体合法的经营活动，且符合工商行政管理部门许可的经营范围。（ ）

110. 个人经营贷款信用风险的主要内容包括借款人还款能力变化、借款人所控制企业经营情况变化、保证人还款能力变化、抵押物价值变化等。（ ）

111. 贷款调查要遵循审贷分离的原则，合同生效后，贷款人应按合同约定及时发放贷款。（ ）

112. 目前，个人信用报告主要用于银行的各项消费信贷业务。（ ）

113. 一些地方政府出于住房市场调控等目的，对境外人士购买我国境内住房进行一定的限制，是为了防范合同有效性风险。（ ）

114. 如果个人认为自己的信用报告中反映的个人住房公积金信息与实际情况不符，可以持本人身份证件到开立个人结算账户的金融机构核实情况和更改信息，也可以到当地中国人民银行征信管理部门申请异议处理。（ ）

115. 定金担保是指贷款银行从贷款款项中扣除一部分作为定金的行为。（ ）

《个人贷款》真题试卷（五）（见软件）

第二部分　押题试卷

《个人贷款》押题试卷(一)

答题卡

本试卷采用虚拟答题卡技术，自动评分

考生扫描右侧二维码，将答题选项填入虚拟答题卡中，题库系统可自动统计答题得分，生成完整的答案及解析。题库系统根据考生答题数据，自动收集整理错题，记录考生薄弱知识点，方便考生在题库系统中查漏补缺。

随书赠送智能题库获取方式见书背面

一、单项选择题(本大题共80小题，每小题0.5分，共40分。在以下各小题所给出的四个选项中，只有一个选项符合题目要求，请将正确选项的代码填入括号内)

1. 目前，我国个人住房贷款的期限最长可达(　　)年。
   A. 15　　B. 25　　C. 30　　D. 50
2. 下列关于借款合同变更与解除的说法中，错误的是(　　)。
   A. 借款合同依法需要变更，必须经借贷双方协商同意，协商未达成之前借款合同继续有效
   B. 如需办理抵押变更登记时，借款人应到原抵押登记部门办理变更抵押登记手续及其他相关手续
   C. 当借款保证人失去保证能力时，借款人可申请以信用贷款替代原贷款
   D. 借款人在还款期限内丧失民事行为能力后，如果没有财产继承人和受遗赠人，贷款银行有权提前收回贷款，并依法处分抵押物或质物，用以归还未清偿部分
3. 下列关于个人贷款期限的说法中，正确的是(　　)。
   A. 贷款期限是指从具体贷款产品发放到约定的最后还款或清偿期限
   B. 经借款人同意，个人贷款可以展期
   C. 1年以内(含)的个人贷款，展期期限累计与原贷款期限相加，不得超过该贷款品种规定的最长贷款期限
   D. 1年以上的个人贷款，展期期限累计不得超过原贷款期限
4. 下列关于个人贷款期限调整的说法中，错误的是(　　)。
   A. 期限调整包括延长期限和缩短期限
   B. 借款人缩短还款期限无须向银行提出申请
   C. 借款人申请调整期限的贷款应无拖欠利息
   D. 展期之后全部贷款期限不得超过银行规定的最长期限
5. 2018年3月，某人向银行申请贷款50万元，下列还款方式中，所付利息最少的是(　　)。
   A. 等额本金还款法　　B. 等额本息还款法　　C. 组合还款法　　D. 等额累进还款法
6. 采用等额累进还款法的借款人，当收入增加时，为减少利息负担，可(　　)。
   A. 减少累进额或扩大间隔期　　B. 增大累进额或缩短间隔期
   C. 增大累进额或扩大间隔期　　D. 减少累进额或缩短间隔期
7. 某人于2017年1月向银行贷款100万元，年利率6%，贷款期限是5年，约定按照季度等额本金偿还，则在2019年1月应偿还的本息额是(　　)元。
   A. 52000　　B. 60000　　C. 53000　　D. 56000
8. 贷款期限在1年以内(含1年)的贷款，应当采取(　　)的还款方式。
   A. 等额本息　　B. 等额本金　　C. 等比累进　　D. 一次性还本付息

9. 下列关于"假个贷"的说法中，错误的是(　　)。
   A. "假个贷"的成因包括开发商为获得优惠贷款而实施"假个贷"
   B. "假个贷"的成因包括开发商利用"假个贷"套取银行资金进行诈骗
   C. "假个贷"的"假"是指借款人和所购房屋都是真实存在的，只是购房行为为"假"
   D. 银行的管理漏洞给"假个贷"以可乘之机
10. 等额本金还款法在贷款期内每(　　)等额偿还贷款本金。
    A. 月　　B. 季　　C. 年　　D. 日
11. 对于二手个人购房贷款，银行最主要的合作单位是(　　)。
    A. 房产局　　B. 房地产开发商　　C. 房地产经纪公司　　D. 住房置业担保公司
12. 个人汽车贷款在开户放款时应注意：借款人与贷款银行签约时，要明确告知在放款时遇法定利率调整，应执行(　　)。
    A. 原借款合同利率与具体放款日当日利率两者中的低者
    B. 原借款合同利率与具体放款日当日利率两者中的高者
    C. 原借款合同利率
    D. 具体放款日当日利率
13. 下列不属于商用房贷款合作机构风险的防控措施的是(　　)。
    A. 加强对开发商及合作项目的审查
    B. 加强对估值机构、地产经纪和律师事务所等合作机构的准入管理
    C. 业务合作中不过分依赖合作机构
    D. 提高贷前调查深度
14. 商用房贷款面临的信用风险不包括(　　)。
    A. 借款人还款能力发生变化
    B. 商用房经营情况发生变化
    C. 保证人的资格和担保能力发生变化、还款意愿不足
    D. 贷款人出现暂时性资金短缺，同业拆借困难
15. 以下不属于个人教育贷款支付管理中的风险的是(　　)。
    A. 未详细记录资金流向和归集保存相关凭证，造成凭证遗失
    B. 未通过账户分析、凭证查验或现场调查等方式，核查贷款支付是否符合约定用途
    C. 将学费和住宿费的贷款资金全额发放至借款人账户
    D. 未按规定的贷款额度、期限、担保方式、结息方式、计息方式、还款方式、利率调整方式和发放方式等发放贷款
16. 对于房地产管理相对规范的地区，如可实施房地产抵押情况的查询、抵押手续办理规范的地区，可将抵押办理手续委托经(　　)准入的中介机构代为办理。
    A. 中国人民银行　　B. 国务院银行业监督管理机构
    C. 经办行　　D. 一级分行
17. 下列关于国家助学贷款和商业助学贷款的表述中，正确的是(　　)。
    A. 都不需要担保　　B. 两者毕业后还款安排相同
    C. 两者国家均提供财政贴息　　D. 后者贷款对象更广
18. 以下是国家助学贷款和商业助学贷款共同原则的是(　　)。
    A. 风险补偿　　B. 有效担保　　C. 信用发放　　D. 专款专用和按期偿还

19. 下列关于公积金个人住房贷款承办银行开展不良贷款催收的表述中，错误的是(　　)。

A. 承办银行应按照自营性个人住房贷款开展不良贷款催收

B. 逾期90天以内的，选择短信、电话和信函等方式进行催收

C. 逾期超过90天的，有权要求借款人提前偿还全部贷款，并支付逾期期间的罚息

D. 逾期180天以上的，对拒不还款的借款人提起诉讼，对抵押物进行处置

20. 目前我国个人住房贷款中的(　　)制度，使借款人承担了一定的利率风险，导致了借款人在利率上升周期中出现违约的可能性加大。

A. 固定利率　B. 市场利率　C. 浮动利率　D. 法定利率

21. 下列属于影响个人贷款定价因素中市场竞争的是(　　)。

A. 选择性因素的存在是因为贷款期限一般较长，在此期间宏观经济形势、客户情况等都可能发生变化，从而造成不确定性

B. 资金成本越高，个人贷款定价就越高；反之，资金成本越低，个人贷款定价就越低，两者呈正相关关系

C. 在个人贷款定价时，银行应综合考虑担保的整体费用和收益

D. 如果银行贷款定价高于市场水平，信贷产品的销售就会受到不利的影响；如果贷款定价过低，又会增加银行的风险并对银行利润造成冲击

22. 银行向借款人提供的以货币计量的贷款数额是(　　)。

A. 风险限额　B. 风险总量　C. 贷款本金　D. 贷款额度

23. (　　)用于早期逾期的客户，可判断客户最终进入违约(逾期90天以上)的概率。

A. X模型　B. 催收响应模型　C. 违约概率模型　D. 损失程度模型

24. 下列关于专家判断法的说法中，错误的是(　　)。

A. 专家判断法实施的效果比较稳定

B. 要维持专家制度，需要的专业分析人员数量会越来越多

C. 专家判断法是一种最古老的信用风险分析方法

D. 运用专家判断法，容易造成信贷评估的主观性、随意性和不一致性

25. 下列关于贷款档案管理要求的表述中，错误的是(　　)。

A. 贷款档案中主要包括借款人的相关资料和贷后管理的相关资料

B. 贷款档案可以是原件，也可以是具有法律效力的复印件

C. 借款人还清贷款本息后，一些档案材料需要退还借款人

D. 委托转账付款授权书属于贷后管理的档案资料

26. 在个人贷款档案管理中，贷后管理相关资料不包括(　　)。

A. 贷款制裁通知书　B. 法律仲裁文件

C. 贷后检查记录和检查报告　D. 个人借款申请审批表

27. 下列关于风险与损失的表述中，错误的是(　　)。

A. 风险既可能给银行带来收益也可能造成损失

B. 风险等同于损失

C. 风险是一个明确的事前概念，反映损失发生前的事物发展状态

D. 损失是一个事后概念，反映风险事件发生后所造成的实际结果

28. 下列情况不应计入不良贷款的是(　　)。

A. 李某因出差在外，未及时归还贷款本息

B. 张某宣告死亡，以其财产清偿后，仍未能还清其生前贷款

C. 赵某由于金融危机而失去工作，目前无正常收入，暂无力偿还房贷

D. 王某已无力归还贷款，银行将其抵押物拍卖，但损失金额尚不能确定

29. 个人征信系统所收集的个人信用信息中的特殊信息，不包括(　　)。

A. 破产记录　B. 信用报告查询信息

C. 职业信息　D. 与个人经济生活相关的法院判决等信息

30. 下列关于行为评分的表述中，错误的是(　　)。

A. 行为评分主要是通过观察客户行为与风险的关联性来总结风险出现、发展和分布的规律

B. 行为评分主要是观测客户的贷后行为特征，预测客户未来一定时间内变成“坏客户”的可能性

C. 行为评分可精确预测每笔贷款出现风险的时间与原因

D. 零售行为评分主要包括信用卡行为评分和个贷行为评分

31. 个人征信系统信息采集不需要经过(　　)环节。

A. 数据报送　B. 校验加载　C. 反馈　D. 信用修复

32. 下列选项中，不属于个人教育贷款发放对象的是(　　)。

A. 在读学生　B. 即将就读的学生

C. 在读学生的直系亲属　D. 在读学生的法定监护人

33. 下列关于个人住房贷款利率执行的表述中，错误的是(　　)。

A. 贷款利率实行下限管理，上限开放的原则

B. 一年期以上的贷款，合同期内遇到法定利率调整，银行多于次年1月1日按新档次利率执行

C. 按现行规定，贷款利率下限浮动最低可为基准利率的0.85倍

D. 一年期以内的贷款，实行合同利率，遇到法定利率调整，不分段计息

34. 国家助学贷款是(　　)。

A. 抵押贷款　B. 质押贷款　C. 担保贷款　D. 信用贷款

35. 我国最大的个人征信数据库是(　　)建设的。

A. 中国银行　B. 中国工商银行　C. 中国建设银行　D. 中国人民银行

36. 房地产估价的原则不包括(　　)。

A. 合法原则　B. 最高最佳使用原则　C. 替代原则　D. 公开原则

37. 下列选项中不属于大众营销策略的特点的是(　　)。

A. 成本高　B. 目标大　C. 针对性不强　D. 效果差

38. 关于个人住房贷款的贷前调查，说法错误的是(　　)。

A. 贷前调查人通过审核借款申请材料了解借款申请人的基本情况、借款所购(建)房屋情况、贷款担保情况等

B. 贷前调查人应通过面谈了解借款申请人的基本情况、借款所购(建)房屋情况以及贷前调查人认为应调查的其他内容，判断购房人及购房行为的真实性

C. 银行应着重考核借款人还款能力，将借款人住房贷款的月房产支出与收入比控制在55%以下(含55%)

D. 贷前调查人应调查借款人家庭拥有住房情况是否符合规定，借款申请人购房行为的真实性，对存在虚假购房行为套贷的，不予贷款

39. 影响个人贷款定价的因素不包括(　　)。

A. 资金成本　B. 贷款利率　C. 风险　D. 盈利目标

40. 下列关于农户贷款的说法中，错误的是（　　）。
A. 农户贷款还款方式可以采用分期还本付息、分期还息到期还本等方式
B. 农村金融机构应当根据贷款项目生产周期、销售周期和综合还款能力等因素合理确定贷款期限
C. 原则上一年期以上贷款可采用到期利随本清方式
D. 农村金融机构应当建立借款人合理的收入偿债比例控制机制
41. 公积金个人住房贷款与商业银行自营性个人住房贷款的区别不包括（　　）。
A. 审批主体的不同　B. 贷款对象不同　C. 贷款条件的不同　D. 资金来源不同
42. 下列关于国家助学贷款与商业助学贷款支付管理的说法中，错误的是（　　）。
A. 按学年（期）发放
B. 直接划入借款人所在学校在贷款银行开立的账户上
C. 借款人在使用贷款时要提出支付申请
D. 商业助学贷款不可以一次性放款
43. 下列不属于个人住房贷款的贷款审批内容的是（　　）。
A. 登记台账　B. 贷款审批　C. 核对或登记台账　D. 受托支付
44. 下列关于采用抵押方式申请商用房贷款的说法中，错误的是（　　）。
A. 以房产做抵押的，借款人必须按照《中华人民共和国物权法》《城市房地产抵押管理办法》等相关法律法规的规定，办理抵押登记手续
B. 用于抵押的财产需要估价的，可以由贷款银行进行评估，也可委托贷款银行认可的资产评估机构进行估价
C. 在抵押期间，借款人未经贷款银行同意，不得转移、变卖或再次抵押已被抵押的财产
D. 以所购商用房（通常要求借款人拥有该商用房的产权）作抵押的，由贷款银行和借款人协商后决定是否有必要与开发商签订商用房回购协议
45. 公积金个人住房贷款，承办银行定期向有关公积金管理中心移交和报送的资料中，不包括（　　）。
A. 公积金贷款回收资料　B. 公积金贷款利率信息
C. 公积金贷款逾期信息　D. 公积金贷款结清情况
46. 下列关于代理的说法中，错误的是（　　）。
A. 第三人知道行为人没有代理权、超越代理权或者代理权已终止还与行为人实施民事行为给他人造成损害的，由第三人和行为人负连带责任
B. 没有代理权、超越代理权或者代理权终止后的行为，无论何种情况，被代理人均不用承担民事责任
C. 公民、法人可以通过代理人实施民事法律行为
D. 委托书授权不明的，被代理人应当向第三人承担民事责任，代理人负连带责任
47. 下列属于个人经营贷款中信用风险管理的内容的是（　　）。
A. 担保机构有违法、违规经营行为
B. 担保机构与银行合作的存量业务出现严重不良贷款的
C. 保证人担保能力发生变化
D. 担保机构所进行的合作对银行业务拓展没有明显促进作用的
48. 国家助学贷款的财政贴息是指（　　）。
A. 国家以承担部分利息的方式，对学生办理国家助学贷款进行补贴
B. 国家以承担全部利息的方式，对学生办理国家助学贷款进行补贴
C. 国家以承担全部利息的方式，对银行办理国家助学贷款进行补贴
D. 国家以承担部分利息的方式，对银行办理国家助学贷款进行补贴
49. 下列关于信用卡业务与一般个人贷款业务的异同点，说法错误的是（　　）。
A. 信用卡业务与一般个人贷款业务有相同的业务属性
B. 信用卡作为主要支付工具之一，本外币一体，可以跨境使用；个人贷款业务一般以本币为主，限于境内使用
C. 信用卡资金只允许消费使用
D. 个人贷款资金可按照规定将资金用于购房、生产经营、投资领域等活动
50. 商业银行应当建立保证个人信用信息安全的管理制度，确保只有（　　）才能接触个人信用报告并经常对个人信用数据库的查询情况进行检查，确保所有查询符合规定，并定期向中国人民银行及征信中心报告查询检查结果。
A. 行长　B. 中层以上领导
C. 安全管理人员　D. 得到内部授权的人员
51. 个人住房贷款对合作机构分析的要点不包括（　　）。
A. 合作机构的注册地址　B. 合作机构的历史信用记录
C. 合作机构的经营成果　D. 合作机构的领导层素质
52. 发放商业性个人贷款的商业银行应根据（　　）原则，完善授权管理制度，规范审批操作流程，明确贷款审批权限。实行审贷分离和授权审批，确保贷款审批人员（　　）审批贷款。
A. 盈利性；按照岗位职责　B. 审慎性；按照授权独立
C. 自主性；按照岗位自主　D. 合理性；按照职务逐级
53. 下列选项中，不是国家助学贷款的贷款审批人对贷款的审批内容的是（　　）。
A. 对贷款申请审批表和贫困证明等内容进行核对
B. 审查每个申请学生每学年贷款金额是否超过限额，具体金额根据学校的学费、住宿费和生活费标准以及学生的困难程度确定
C. 学校当年贷款总金额和人数不超过全国学生贷款管理中心与经办银行总行下达的该校贷款年度计划额度
D. 学校经营的合法性、经济性以及近5年内是否有不良贷款记录
54. 对生活费贷款，银行可以采用（　　）方式，直接划入借款人所在学校在贷款银行开立的账户上，再由学校返还借款人。
A. 借款人受托支付　B. 借款人委托支付　C. 贷款人委托支付　D. 贷款人受托支付
55. 下列关于国家助学贷款发放环节的表述中，错误的是（　　）。
A. 贷款发放有独立的放款管理部门落实放款条件
B. 由独立的放款管理部门或岗位负责落实放款条件，发放满足约定条件的贷款
C. 贷款发放实行一次申请，一次放贷的方式
D. 贷款发放后应建立贷款台账，并随时更新数据
56. 贷款人受理借款人个人经营贷款申请后，应履行尽职调查职责，对个人经营贷款申请内容和相关情况进行调查核实，形成（　　）。
A. 贷后检查报告　B. 贷款审批报告　C. 贷前调查报告　D. 审查意见报告
57. 银行向大学生发放的国家助学贷款，用于（　　）的部分，应当采用贷款人受托支付方式向借款人所在学校支付，按学年（期）发放，直接划入借款人所在学校在贷款银行开立的账户上。
A. 生活费　B. 住宿费和生活费　C. 学费和住宿费　D. 学费和生活费

58. 个人经营贷款期限最长一般不超过(　　)年，采用保证担保方式的一般不得超过(　　)年。
A. 5;1　B. 3;1　C. 4;2　D. 4;3
59. 采用低风险质押担保方式且贷款期限在1年以内的个人经营贷款，可用(　　)的还款方式。
A. 到期一次性还本付息　B. 等额本息
C. 等额本金　D. 按季度付息
60. 采取抵押担保方式申请个人经营贷款的，贷款金额最高不超过抵押物价值的(　　)。
A. 50%　B. 60%　C. 70%　D. 80%
61. 个人征信查询系统中，下列不属于个人基本信息的是(　　)。
A. 居住信息　B. 身份信息　C. 职业信息　D. 贷款信息
62. 下列个人贷款中，属于个人经营类贷款的是(　　)。
A. 个人商用房贷款　B. 个人汽车贷款　C. 个人教育贷款　D. 个人旅游贷款
63. 商业银行各级用户应妥善保管用户密码，至少(　　)更改一次密码，并登记密码变更登记簿。
A. 1个月　B. 2个月　C. 3个月　D. 6个月
64. 农村金融机构(　　)部门、审计部门应当对分支机构贷后管理情况进行检查。
A. 风险管理　B. 信贷管理　C. 公司金融　D. 个人贷款
65. 贷款流程大致为(　　)。
A. 贷款的受理与调查—贷款的审查与审批—贷款的签约与发放—贷后管理—支付管理
B. 贷款的受理与调查—贷款的审查与审批—贷款的签约与发放—支付管理—贷后管理
C. 贷款的审查与审批—贷款的签约与发放—支付管理—贷后管理—贷款的受理与调查
D. 贷款的审查与审批—贷款的签约与发放—贷后管理—支付管理—贷款的受理与调查
66. (　　)是我国社会信用体系的重要基础设施，是由中国人民银行组织各商业银行建立的个人信用信息共享平台。
A. 个人信用征信　B. 个人征信系统　C. 个人信用报告　D. 个人征信报告
67. 商用房贷款的期限通常不超过(　　)年。
A. 5　B. 8　C. 10　D. 12
68. 自用传统动力汽车贷款最高发放比例为(　　)。
A. 70%　B. 75%　C. 80%　D. 85%
69. 在开展个人汽车贷款业务过程中，加强与经销商和厂商合作，要求所抵押车辆安装GPS定位系统，这属于(　　)的防控措施。
A. 合作机构风险　B. 信用风险　C. 操作风险　D. 道德风险
70. 下列不属于农户范畴的是(　　)。
A. 长期居住在乡镇和城关镇所辖行政村的农村个体工商户
B. 长期居住在乡镇和城关镇所辖行政村的住户
C. 户籍所在地为乡镇所辖行政村，长期居住在城市范围的务工人员
D. 国有农场的职工
71. 下列属于押品日常管理的是(　　)。
A. 保险办理　B. 出入库管理　C. 提前释放　D. 押品信息录入
72. 个人留学贷款额度最高不得超过借款人学杂费和生活费的(　　)。
A. 50%　B. 60%　C. 70%　D. 80%

73. 下列关于住房公积金缴存的说法，正确的是(　　)。
A. 每个职工可以有不止一个住房公积金购房账户
B. 新调入的职工从调入单位下一个月起缴存住房公积金
C. 职工和单位住房公积金具体缴存比例应由住房公积金管理委员会批准
D. 单位应当将单位缴存的和为职工代缴的住房公积金汇缴到住房公积金专户内
74. 下列情形中，不可以采取借款人自主支付的是(　　)。
A. 借款人交易对象不具备使用非现金结算条件的
B. 农户生产经营贷款且金额不超过50万元
C. 用于农副产品收购等无法确定交易对象的
D. 农户消费贷款且金额达到40万元
75. 农户贷款的贷款对象应满足的条件不包括(　　)。
A. 具有完全民事行为能力，资信良好　B. 具备清偿贷款本息的能力
C. 贷款用途明确合法　D. 具有"再就业优惠证"
76. 申请公积金个人住房贷款，不需要提供(　　)。
A. 借款人及参贷人(共同还款人、担保人)的居民身份证
B. 婚姻状况证明
C. 学历证明
D. 合法的商品房购房合同或协议
77. 李某向银行申请个人贷款，月供为3000元，以此推算李某的月收入不低于(　　)元。
A. 5000　B. 5454　C. 6000　D. 8000
78. 下列关于个人贷款合作机构营销的说法，不正确的是(　　)。
A. 在挑选经销商作为合作单位时，银行应对其注册资本、经营业绩、行业排名、资产负债和信誉状况等指标进行分析评价
B. 商业银行与经销商合作的典型做法是与其签署合作协议，由经销商向银行提供客户信息或推荐客户
C. 对于二手个人住房贷款而言，商业银行最主要的合作单位是房地产经纪公司
D. 对于一手个人住房贷款而言，在借款人购买的房屋没有办好抵押登记之前，由银行提供阶段性或全程担保
79. 下列对等额本息还款法和等额本金还款法的说法中，错误的是(　　)。
A. 均属于常用的个人住房贷款还款方法
B. 等额本金还款法的每月还款额是固定的
C. 等额本金还款法的贷款门槛要高于等额本息还款法
D. 经济尚未稳定的初次贷款购房的人应选择等额本息还款法还款
80. (　　)是指借款人每个时间段上以一定比例累进的金额偿还贷款，其中每个时间段归还的金额包括该时间段应还利息和本金，按还款间隔逐期归还，在贷款截止日期前全部还清本息。
A. 等额累进还款法　B. 等比累进还款法
C. 组合还款法　D. 按月还息、到期一次性还本还款法

二、多项选择题(本大题共25小题，每小题2分，共50分。在以下各小题所给出的选项中，至少有两个选项符合题目要求，请将正确选项的代码填入括号内)

81. 一般来说，贷款期限为(　　)时实行合同利率，遇法定利率调整不分段计息，执行原合同利率。
A. 2年　B. 6个月　C. 3个月
D. 1年　E. 3年

82. 信用风险的控制应对措施包括(　　)。

A. 授信限额管理　　B. 利用客群特征优选客户

C. 利用信用评分工具优选客户　　D. 动态优化信息系统

E. 关键业务流程控制

83. 个人经营贷款要进行行业风险管理，严格准入行业，其中谨慎介入的行业有(　　)。

A. 银行业　　B. 产能过剩行业项目

C. 不符合节能减排要求的行业项目　　D. 计算机软件行业

E. 未完全达到国家环保标准的行业项目

84. 建立个人征信系统的意义包括(　　)。

A. 从制度上有效控制信贷风险

B. 有助于商业银行准确判断个人贷款客户的还款能力

C. 有助于激励借款人按时偿还债务

D. 有助于商业银行进行风险预警分析

E. 有助于规避金融风险

85. 对于宏观经济来说，商业银行个人贷款业务具有的积极作用包括(　　)。

A. 有利于金融机构分散风险

B. 对启动、培育和繁荣消费市场起到了催化和促进作用

C. 对扩大内需，推动生产，带动相关产业，支持国民经济持续、快速、健康和稳定发展起到了积极的作用

D. 对带动众多相关产业的发展起到了积极的作用

E. 对商业银行调整信贷结构、提高信贷资产质量、增加经验效益以及繁荣金融业起到了促进作用

86. 银行网点机构营销渠道的分类主要包括(　　)。

A. 网络型网点机构营销渠道　　B. 全方位网点机构营销渠道

C. 高端化网点机构营销渠道　　D. 零售型网点机构营销渠道

E. 专业性网点机构营销渠道

87. 关于个人征信报告的异议处理，说法正确的是(　　)。

A. 个人的基本信息发生了变化，但个人没有及时将变化后的信息提供给商业银行等数据报送机构，可能会引起征信异议

B. 个人信用数据库每天更新一次信息

C. 个人不可以委托代理人提出异议申请

D. 个人提出异议申请须出示本人身份证原件、提交身份证复印件

E. 征信服务中心应当在接到异议申请的2个工作日内进行内部核查

88. 下列关于商业助学贷款担保方式的说法中，正确的有(　　)。

A. 可以采用抵押、质押、保证或其组合，或借款人投保相关保险

B. 以资产作抵押的，借款人应根据贷款银行的要求办理抵押物保险

C. 以质押方式申请商业助学贷款的，须办理质物或其权利凭证转移占有手续及相关出质登记

D. 保证人应具备品质良好，合法稳定的收入来源

E. 因为同学之间互相了解情况，贷款银行应允许同学之间互保

89. 下列关于个人住房贷款的说法中，错误的有(　　)。

A. 个人住房贷款的计息、结息方式，由银行确定

B. 个人住房贷款实质是一种融资关系加上商品买卖关系

C. 个人住房贷款的利率按商业性贷款利率执行，上限放开，实行下限管理

D. 个人住房贷款采取的担保方式以抵押担保为主

E. 个人住房贷款利率可采用固定利率和浮动利率

90. 下列各种情形中，可以申请个人住房贷款的有(　　)。

A. 房地产开发商建造某个人住房楼盘　　B. 个人自建自住房

C. 个人对房屋进行大修　　D. 个人租房

E. 个人购买第二套商品房

91. 下列关于个人经营贷款的贷款流程的说法中，错误的有(　　)。

A. 贷前调查应以实地调查为主，间接调查为辅

B. 贷款的支付不可以采用借款人自主支付的方式

C. 贷款发放后贷款人要按主动、静态、持续原则进行贷款检查

D. 贷款调查由贷款经办行负责，贷款实行双人调查和见客谈话制度

E. 个人经营贷款资金应按借款人的意愿向借款人的交易对象支付

92. 下列关于个人住房贷款受理与调查阶段的说法中，正确的有(　　)。

A. 个人住房贷款的借款人及配偶月所有债务支出(本笔贷款的月还款额 + 其他债务月均偿付额)与月收入之比应在50%(含)以下

B. 首付款尚未支付或者首付款未达到规定比例的，要提供用于购买住房的自筹资金的有关证明

C. 对个人住房贷款楼盘项目的审查包括对开发商资信的审查、项目本身的审查以及对项目的实地考察

D. 涉及抵押担保的，在一般操作模式下，须提供财产共有人同意抵押的声明书

E. 涉及保证担保的，须保证人出具同意提供担保的书面承诺，并提供能证明保证人保证能力的证明材料

93. 下列关于商业助学贷款偿还的说法中，正确的是(　　)。

A. 借款人要求提前还款的，须提前10个工作日向贷款银行提出申请

B. 商业助学贷款的偿还原则是先收息、后收本，全部到期、利随本清

C. 对存在拖欠本息的借款人，应要求其先归还拖欠贷款本息，之后才予以受理提前还款业务

D. 借款人如不能在合同规定期限内按期偿还本金，应提前向贷款银行申请展期，每笔贷款至多可以展期两次

E. 在合同履行期间，信贷要素需要变更的，应当经当事人各方协商同意，并签订相应变更协议

94. 在个人住房贷款的业务中，个人住房贷款合同有效性风险包括(　　)。

A. 未签订合同　　B. 合同格式条款无效

C. 未履行法定提示义务　　D. 还款意愿下降

E. 格式条款与非格式条款不一致

95. 从银行的利益出发，应当审查每笔个人住房贷款的(　　)。

A. 完整性　　B. 合规性　　C. 可行性

D. 有效性　　E. 经济性

96. 经当事人书面授权商业银行只能在(　　)情况下才能查询个人信用信息基础数据库。

A. 审核个人贷款

B. 审核是否接受个人作为担保人

C. 对已发放的个人贷款进行信用风险跟踪管理
D. 对已发放的信用卡进行信用风险跟踪管理
E. 审核信用卡申请

97. 下列关于利率的表述，正确的有(　　)。
A. 如果中央银行改变浮动利率，直接会影响商业银行的借款成本的高低
B. 利率浮动有利率上浮和利率下浮两种情况
C. 低于基准利率为利率下浮
D. 高于基准利率而低于最高幅度(含最高幅度)为利率上浮
E. 以固定利率为中心，在一定幅度内上下浮动的利率为浮动利率

98. 下列属于个人教育贷款流程中贷款的受理与调查环节的风险点的有(　　)。
A. 未通过账户分析、凭证查验或现场调查等方式，核查贷款支付是否符合约定用途
B. 借款申请人所提交材料的真实性
C. 未对合同签署人及签字(签章)进行核实
D. 借款申请人的主体资格是否符合银行个人教育贷款的相关规定
E. 未按权限审批贷款，使得贷款超越授权发放

99. 在个人住房贷款业务中，加强对借款人还款能力甄别的具体措施有(　　)。
A. 验证借款人的工资收入　　B. 验证借款人的租金收入
C. 验证借款人的投资收入　　D. 验证借款人的经营收入
E. 验证借款人的家庭收入

100. 根据国家助学贷款的有关规定，国家助学贷款的借款学生可以有(　　)。
A. 博士　　B. 专科生
C. 出国留学生　　D. 第二学士学位学生
E. 高职生

101. 为了降低"假个贷"风险，一线经办人员应严把贷款准入关，要注意检查的内容包括(　　)。
A. 借款人身份的真实性　　B. 借款人的房产情况
C. 借款人的信用状况　　D. 各类证件的真实性
E. 申报价格的合理性

102. 下列关于个人贷款担保方式的说法中，错误的有(　　)。
A. 质押担保分为动产质押和权利质押
B. 除国家机关外，任何单位或组织都可以担任保证人
C. 保证人是指具有代位清偿债务能力的法人、其他经济组织或自然人
D. 抵押担保是指借款人或第三人转移对法定财产的占有，将该财产作为贷款的担保
E. 从控制风险的角度，贷款银行往往要求借款人单独使用一种担保方式对贷款进行担保

103. 个人征信报告的内容主要有(　　)。
A. 公安部身份信息核查结果　　B. 公共信息
C. 异议标注　　D. 银行信贷交易信息
E. 查询申请书

104. 个人征信系统中的信用交易信息包括(　　)。
A. 婚姻信息　　B. 信用卡信息　　C. 经营信息
D. 交通违章信息　　E. 贷款信息

105. 下列属于商用房地产和居住房地产押品分类的有(　　)。
A. 房地产类在建工程　　B. 商用建设用地使用权
C. 交通运输设备　　D. 资源资产
E. 机器设备

三、判断题(共10题，每题1分，共10分。请判断以下各小题的正误，正确的为A，错误的为B)

106. 在贷前调查中，采取受托支付方式的，借款人在业务申请时可不提供贷款用途证明，但客户经理应要求借款人保留用途证明材料，定期向银行告知贷款资金支付情况，并在规定时间提供用途证明。(　　)

107. 借款人还清贷款本息后，档案材料存档不能退还给借款人。(　　)

108. 银行办理个人商用车贷款业务，借款人信贷档案中关于所购汽车，除了要记载购车协议、汽车型号、发动机号、车架号、价格与购车用途等要素外，还应增加商用车运营资格证年检情况、商用车折旧、保险情况等内容。(　　)

109. 定向营销策略的特点是针对性强，适宜少数尖端客户，能够为客户提供需要的个性化服务。(　　)

110. 商业银行发放个人住房贷款时，借款人所购买住房必须主体结构已封顶。(　　)

111. 申请国家助学贷款的借款人应提交国家助学贷款申请审批表和贫困生证明材料。(　　)

112. 个人征信系统(个人信用信息基础数据库)是我国社会信用体系的重要基础设施。(　　)

113. 个人住房贷款的计息、结息方式，由中国人民银行统一规定。(　　)

114. 在浮动利率制度下，当利率处于下降周期时，个人住房贷款借款人出现违约的可能性将会加大。(　　)

115. 在中国境内连续居住1年的美国人也可申请个人汽车贷款。(　　)

《个人贷款》押题试卷(二)~(三)　(见软件)

《个人贷款》模拟试卷(一)~(二)　(见软件)

随书赠送智能考试题库系统，包含更多试卷。考生可关注微信公众号：未来金融网校或直接用微信扫描右侧的二维码进入公众号，点击【开始学习】—【考试题库】。智能题库激活码在书的背面，请妥善保存。

第三部分　参考答案及解析

《个人贷款》真题试卷(一)
参考答案及解析

一、单项选择题

1. B 【解析】个人贷款是指贷款人向符合条件的自然人发放的用于个人消费、生产经营等用途的本外币贷款。

2. B 【解析】各商业银行的个人贷款可以采取灵活多样的还款方式,如等额本息还款法、等额本金还款法、等比累进还款法、等额累进还款法及组合还款法等多种方式。故选项 A 说法错误。客户可以在银行所辖营业网点、个人贷款服务中心、金融超市、网上银行等办理个人贷款业务。故选项 C 说法错误。个人贷款的品种很多,可以多层次、全方位地满足客户的不同需求,可以满足个人在购买消费品、旅游、装修、解决临时性资金周转和从事生产经营等各方面的需求。故选项 D 说法错误。

3. C 【解析】2010 年 2 月 12 日,国务院银行业监督管理机构颁布了《个人贷款管理暂行办法》。

4. D 【解析】在商业银行,个人贷款业务是以主体特征为标准进行贷款分类的一种结果,即借贷合同关系的一方主体是银行,另一方主体是自然人,这也是与公司贷款业务相区别的重要特征。

5. B 【解析】商业银行从个人贷款业务中除了获得正常的利息收入外,通常还会得到一些相关的服务费收入。故选项 B 表述错误。

6. D 【解析】个人贷款管理的原则包括全流程管理原则、诚信申贷原则、协议承诺原则、审贷分离原则、实贷实付原则和贷后管理原则。

7. D 【解析】住房制度的改革促进了个人住房贷款的产生和发展,国内消费和创业需求的增长推动了个人信贷的蓬勃发展,商业银行股份制改革推动了个人贷款业务的规范发展。

8. D 【解析】个人教育贷款是银行向学生或其直系亲属及法定监护人发放的用于满足其就学资金需求的贷款。

9. A 【解析】个人贷款业务可以成为商业银行分散风险的资金运用方式,但不能消除风险。故选项 A 说法错误。

10. D 【解析】耐用消费品通常是指价值较大、使用寿命相对较长的家用商品。

11. B 【解析】对采取抵押担保方式的,应要求抵押物共有人在相关合同文本上签字。故选项 B 说法错误。

12. B 【解析】贷后管理相关工作由贷款经办行负责,具体包括客户关系维护、押品管理、违约贷款催收及相应的贷后检查等工作。

13. B 【解析】根据《个人贷款管理暂行办法》的规定,贷款风险评价应以分析借款人现金收入为基础,采取定量和定性分析方法,全面、动态地进行贷款审查和风险评估。

14. C 【解析】押品的返还与处置包括对抵质押权证的返还、移交、处置等环节进行管理。选项 C 属于押品日常管理。

15. D 【解析】客户盈利分析模型的基本思想是综合衡量客户与银行各种业务往来的成本和收益,根据客户对银行的贡献来制定差别化的个人贷款价格,对大客户、重要客户的贷款在价格上给予一定的优惠。客户盈利分析模式摒弃了传统的"成本导向"定价思想,树立了"以客户为中心"的经营理念,体现了客户的地位和重要性。

16. A 【解析】国家助学贷款的借款学生自取得毕业证书之日(以毕业证书签发日期为准)起,下月 1 日(含 1 日)开始归还贷款利息,并可以选择在毕业后的 36 个月内的任何一个月开始偿还贷款本息,但原则上不得延长贷款期限。

17. C 【解析】合同履行的抗辩权包括同时履行抗辩权、先履行抗辩权和不安抗辩权。

18. D 【解析】个人经营贷款的贷款对象是具有完全民事行为能力且年龄在 18(含)~60 周岁(不含)的自然人,且具有合法有效的身份证明、户籍证明及婚姻状况证明。故选项 D 说法错误。

19. A 【解析】全日制本专科生每人每年申请国家助学贷款额度不超过 8000 元。由此可知,选项 A 符合题意。

20. B 【解析】商业银行对未取得国有土地使用证、建设用地规划许可证、建设工程规划许可证、建筑工程施工许可证不得发放任何形式的贷款。

21. A 【解析】在公积金个人住房贷款中,如果借款人违反了借款合同的约定而没有及时、足额地偿还贷款本息,逾期 90 天以内的,贷款银行一般选择短信、电话和信函等方式进行催收。

22. A 【解析】选项 A 属于合作机构的担保风险,选项 B、选项 C 属于信用风险的内容,选项 D 属于操作风险的内容。

23. C 【解析】学校机构对学生提交的国家助学贷款申请材料进行资格审查,对其完整性、真实性和合法性负责。

24. D 【解析】个人贷款业务操作流程包括受理与调查、审查与审批、签约与发放、支付管理和贷后管理。故不包括选项 D。

25. B 【解析】个人贷款贷前咨询的主要内容包括:①个人贷款品种介绍;②申请个人贷款应具备的条件;③申请个人贷款须提供的资料;④办理个人贷款的程序;⑤个人贷款合同中的主要条款,如贷款利率、还款方式和还款额等;⑥获取个人贷款申请书、申请表格及有关信息的渠道;⑦个人贷款经办机构的地址及联系电话;⑧其他相关内容。故不包括选项 B。

26. C 【解析】个人贷款申请应具备以下条件:①借款人为具有完全民事行为能力的中华人民共和国公民或符合国家有关规定的境外自然人;②贷款用途明确合法;③贷款申请数额、期限和币种合理;④借款人具备还款意愿和还款能力;⑤借款人信用状况良好,无重大不良信用记录;⑥贷款人要求的其他条件。

27. C 【解析】贷款受理人应对借款申请人提交的借款申请书及申请材料进行初审,主要审查借款申请人的主体资格及借款申请人所提交材料的完整性与规范性。

28. A 【解析】农村金融机构应当遵循审贷与放贷分离的原则,加强对贷款的发放管理,设立独立的放款管理部门或岗位,负责落实放款条件,对满足约定条件的借款人发放贷款。

29. D 【解析】贷款调查应以实地调查为主、间接调查为辅,采取现场核实、电话查问以及信息咨询等途径和方法。故不包括选项 D。

30. B 【解析】贷款人在不损害借款人合法权益和风险可控的前提下,可将贷款调查中的部分特定事项审慎委托第三方代为办理,但必须明确第三方的资质条件。故选项 B 表述错误。

31. A 【解析】公积金个人住房贷款不以营利为目的,实行"低进低出"的利率政策,带有较强的政策性,贷款额度受到限制。因此,它是一种政策性个人住房贷款。故选项 A 符合题意。

32. C 【解析】选项 C 属于谨慎介入的行业。

33. A 【解析】1998 年住房制度改革以及中国人民银行《个人住房贷款管理办法》的颁布,标志着个人住房贷款已进入真正的快速发展时期。

34. C 【解析】"透支"指持卡人使用发卡银行为其核定的信用额度进行支付的方式,包括消费透支、分期付款、取现透支、转账透支、透支扣收等。

35. C 【解析】一般来说,个人住房贷款的期限在 1 年以内(含 1 年)的贷款,实行合同利率,遇法定利率调整不分段计息。

36. C 【解析】银行与客户之间需要建立一个长期友好的关系,为了保证共赢,双方就必须建立有效的交流渠道,这就是银行的定向营销。

37. A 【解析】收益法适用的条件是房地产的收益和风险都能够较准确的量化。

38. B 【解析】二级资质及二级资质以下的房地产开发企业可以承担建筑面积 25 万平方米以下的开发建设项目,具体范围由省、自治区、直辖市人民政府建设行政主管部门确定。故选项 B 表述错误。

39. C 【解析】公积金个人住房贷款也称委托性住房公积金贷款。

40. A 【解析】诚实信用原则是指民事活动中,民事主体应该诚实、守信用,正当行使权利和义务,是民事活动中最核心、最基本的原则。

41. C 【解析】个人住房贷款的"假个贷"一般是指借款人并不具有真实购房目的,采取各种手段套取银行个人住房贷款资金的行为。

42. B 【解析】目前,公积金个人住房贷款最长期限为 30 年。

43. A 【解析】只要是具有完全民事能力、正常缴存住房公积金的职工,都可申请公积金个人住房贷款。故选项 A 表述错误。

44. A 【解析】国家助学贷款的利率执行中国人民银行规定的同期限贷款基准利率,不上浮。

45. D 【解析】公积金管理中心基本职责包括制定公积金信贷政策、负责信贷审批、承担公积金信贷风险。故不包括选项 D。

46. C 【解析】个人消费贷款是指银行向个人发放的用于消费的贷款，包括个人汽车贷款、个人教育贷款、个人住房装修贷款、个人耐用消费品贷款、个人旅游消费贷款、个人医疗贷款等。选项 C 属于个人经营类贷款。

47. B 【解析】2004 年 8 月，中国人民银行与国务院银行业监督管理机构联合颁布了《汽车贷款管理办法》。

48. D 【解析】发现贷款逾期的，应立即进行贷后检查，对存量逾期或欠息贷款的检查间隔期最长不超过 1 个月。

49. D 【解析】网点的大堂经理和客户经理可以直接回答客户的问题，受理客户的贷款申请。故选项 D 说法错误。

50. A 【解析】个人住房贷款审批环节主要业务风险控制点包括：①未按独立公正原则审批；②不按权限审批贷款，使得贷款超授权发放；③审批人员对应审查的内容审查不严，导致向不符合条件的借款人发放贷款。故不包括选项 A。

51. C 【解析】中国工商银行、中国农业银行、中国银行和中国建设银行为中国人民银行批准的国家助学贷款经办银行，负责办理国家助学贷款的审核、发放和回收等工作。

52. A 【解析】我国最大的个人征信数据库是中国人民银行建设并已投入使用的全国个人信用信息基础数据库系统，该基础数据库首先依法采集和保存全国银行信贷信用信息，其中主要包括个人在商业银行的借款、抵押、担保数据及身份验证信息。

53. C 【解析】个人住房贷款中，借款人的收入应该是指申请人自身的可支配收入，即单一申请的为申请人本人可支配收入，共同申请的为主申请人和共同申请人的可支配收入。

54. C 【解析】借款学生毕业后申请出境留学的，应主动通知经办银行并一次性还清贷款本息，经办银行应及时为其办理还款手续。故选项 C 说法错误。

55. B 【解析】调查借款申请人基本情况要求，贷前调查人须验证借款申请人提交的身份证件，主要内容有身份证照片与申请人是否一致，是否经有权部门签发，是否在有效期内。落实其家庭住址及居住稳定情况，包括房产证明、房屋租赁或买卖合同以及居委会或派出所出具的借款人居住证明等。

56. C 【解析】个人汽车贷款的贷款期限（含展期）不得超过 5 年，其中，二手车贷款的贷款期限（含展期）不得超过 3 年。

57. B 【解析】个人汽车贷款一般以所购车辆为抵押，以此为担保方式会存在以下风险：①抵押物损毁和消失。因为汽车易于移动和变现的特征，很容易造成抵押物不知去向，银行无法处置抵押物。②抵押物担保效力不足。这属于信用风险管理中的抵押物风险，故选项 B 符合题意。

58. A 【解析】借款人的能力指借款者财务状况的稳定性，反映了借款人的还款能力，主要根据借款人的收入、资产状况衡量。如是申请个人经营类贷款，还应判断项目或企业经营生产能力及获利情况，具有较好的经营业绩、较强的资本实力和合理的现金流量的项目或企业，才能够表现出良好的偿债能力。

59. A 【解析】个人商用房贷款利率不低于人民银行规定的同期同档次利率的 1.1 倍。故选项 B 表述错误。所购房产为商住两用房的，贷款额度不得超过所购商用房价值的 55%。故选项 C 表述错误。所购商用房为写字楼的，贷款额度不得超过所购写字楼价值的 50%。故选项 D 表述错误。只有选项 A 符合题意。

60. D 【解析】个人商用房贷款的还款方式有多种，比较常用的是按月等额本息还款法、按月等额本金还款法和按周还本付息还款法。故不包括选项 D。

61. A 【解析】信用卡按是否向发卡银行交存备用金分为贷记卡和准贷记卡两类。

62. C 【解析】个人信用信息基础数据库是由中国人民银行组织各商业银行建立的个人信用信息共享平台。在信用报告查询收费的相关管理制度出台以前，查询部门提供信用报告查询服务时暂不收费。故选项 C 说法错误。

63. B 【解析】参照市场价格原则是指个人贷款市场竞争激烈，银行在确定贷款价格时，需要考虑其他融资渠道以及竞争对手的利率水平，定价不仅要公平、合理，而且还要有市场竞争力。

64. B 【解析】我国的个人征信体系建设始于 1999 年 7 月人民银行批准建立上海资信有限公司，试点个人征信。上海试点证明，金融机构对信贷信息共享有着迫切需求。

65. D 【解析】有下列情形之一的，委托代理终止：①代理期间届满或者代理事务完成；②被代理人取消委托或者代理人辞去委托；③代理人死亡；④代理人丧失民事行为能力；⑤作为被代理人或者代理人的法人终止。

66. A 【解析】委托书授权不明的，被代理人应当向第三人承担民事责任，代理人负连带责任。

67. A 【解析】对格式条款有两种以上解释的，应当做出不利于提供格式条款一方的解释。故选项 A 表述错误。

68. D 【解析】银行最常见的个人贷款营销渠道主要有合作单位营销、网点机构营销和网上银行营销 3 种。故不包括选项 D。

69. C 【解析】个人医疗贷款是指银行向自然人发放的、用于解决市民及其配偶或直系亲属伤病就医时的资金短缺问题的贷款。

70. B 【解析】个人住房装修贷款可以用于支付家庭装潢和维修工程的施工款、相关的装修材料和厨卫设备款等。故不包括选项 B。

71. B 【解析】分层营销是现代营销最基本的方法，它把客户分成不同的细分市场，提供不同的产品和不同的服务，但又不同于单一的营销，研究的是某一层面所有的需求，介于大众营销和单一营销之间，用相对少的资源满足这一批客户的需求。

72. A 【解析】担保措施包括保证、质押、抵押等，个人贷款担保方式应优先选择抵押方式。

73. A 【解析】个人汽车贷款实行"设定担保，分类管理，特定用途"的原则。故不包括选项 A。

74. B 【解析】借款人申请个人经营贷款，须满足具有完全民事行为能力的自然人，年龄在 18（含）~60 周岁（不含）。

75. B 【解析】采用等额本息还款法还款时，每月的还款额可计算为：月利率 × $(1+月利率)^{还款期数}$/[$(1+月利率)^{还款期数}$ − 1] × 贷款本金 = (6%/12) × $(1+6\%/12)^{20\times12}$/[$(1+6\%/12)^{20\times12}$ −1] ×50 = 0.3582（万元），即 3582 元。

76. A 【解析】等额递增还款法对收入增加的客户采取增大累进额、缩短间隔期等方式，使借款人分期还款额增多，从而减少借款人的利息负担。故选项 A 符合题意。

77. A 【解析】商用房贷款期限在 1 年以内（含 1 年的），借款人可采取一次性还本付息法，贷款期限在 1 年以上的，可采用等额本息还款法和等额本金还款法等。

78. B 【解析】等额本息还款法是每月以相等的额度偿还贷款本息，其中归还的本金和利息的配给比例是逐月变化的，利息逐月递减，本金逐月递增。

79. D 【解析】风险补偿是指根据"风险分担"的原则，按当年实际发放的国家助学贷款金额的一定比例对经办银行给予补偿。

80. D 【解析】保证人是指具有代位清偿债务能力的法人、其他经济组织或自然人。根据《担保法》的规定，下列单位或组织不能担任保证人：①国家机关；②学校、幼儿园、医院等以公益为目的的事业单位、社会团体；③企业法人的分支机构、职能部门，但如果有法人授权的，其分支机构可以在授权范围内提供担保。

二、多项选择题

81. AB 【解析】根据《个人贷款管理暂行办法》的规定，有下列情形之一的个人贷款，经贷款人同意可以采取借款人自主支付方式：①借款人无法事先确定具体交易对象且金额不超过 30 万元人民币的；②借款人交易对象不具备条件有效使用非现金结算方式的；③贷款资金用于生产经营且金额不超过 50 万元人民币的；④法律法规规定的其他情形的。故选项 C、选项 D、选项 E 均不符合题意。

82. AB 【解析】贷款的支付方式有委托扣款和柜面还款两种方式。选项 C、选项 D、选项 E 都是还款方式而不是贷款的支付方式。

83. AB 【解析】贷款额度不能简单地按照抵押物评估价值和贷款最高成数来确定，要对借款人所经营的实体进行风险限额测算，在风险限额内根据借款人可实际支配的还贷资金额确定贷款控制额度。故选项 C 做法不恰当。贷款人不得将贷款调查的全部事项委托第三方完成。故选项 D 做法不恰当。银行不得直接将贷款资金发放至借款人账户。故选项 E 做法不恰当。

84. AB 【解析】国家助学贷款可以使用等额本金还款法和等额本息还款法进行还款。

85. AB 【解析】借款人不得用贷款在有价证券、期货等方面从事投机经营，这是对借款人的限制，而非借款人的权利。故选项C不符合题意。借款人在征得贷款人同意后,有权向第三人转让债务,而不是自主决定向第三方转让债务。故选项D不符合题意。

86. ABCDE 【解析】职工有下列情形之一的,可以提取职工住房公积金账户内的存储余额:①购买、建造、翻建、大修自住住房的;②离休、退休的;③完全丧失劳动能力,并与单位终止劳动关系的;④出境定居的;⑤偿还购房贷款本息的;⑥房租超出家庭工资收入的规定比例的。

87. ABC 【解析】常见的个人贷款营销渠道包括合作单位营销、网点机构营销和网上银行营销。

88. ABC 【解析】个人贷款业务经历了3个阶段:①住房制度的改革促进了个人住房贷款的产生和发展;②商业银行股份制改革推动了个人贷款业务的规范发展;③国内消费和创业需求的增长推动了个人信贷的蓬勃发展。

89. ABCDE 【解析】在审核购房合同或协议时,调查人应查验借款申请人提交的商品房销售合同或协议上的房屋坐落与房地产开发商的商品房销售许可证或售房单位的房地产权证是否一致,审核购房合同的销售登记备案手续是否办妥;查验合同签署日期是否明确,所购住房是现房还是期房,交房日期是否明确;所购住房面积、售价是否明确、合理等;核对商品房买卖合同中的卖方是否是该房产的所有人,签字人是否为有权签字人或授权代理人,所盖公章是否真实有效;商品房买卖合同的买方是否与借款人姓名一致等。

90. ABCDE 【解析】个人汽车贷款的信用风险的主要内容包括借款人的还款能力风险、借款人的还款意愿风险和借款人的欺诈风险。其中,借款人还款能力风险的内容包括借款人的死亡风险和收入变化风险。由此可知,本题选ABCDE。

91. ACDE 【解析】盈利是银行经营的根本目的和动力,银行的盈利目标对个人贷款定价有较大的影响。在资金成本和风险成本一定的情况下,银行利润目标越高,信贷产品的定价就越高。故选项B说法错误。

92. ABDE 【解析】在成本加成定价模型中,贷款价格=资金成本+贷款费用+风险补偿费+目标利润。

93. ABD 【解析】国家助学贷款实行借款人一次申请、贷款银行一次审核、单户核算、分次发放的方式。其中,学费和住宿费贷款按学年(期)发放,直接划入借款人所在学校在贷款银行开立的账户上;生活费贷款(每年的2月和8月不发放生活费贷款),根据合同约定定期划入借款人在贷款银行开立的活期储蓄账户。故选项C说法错误。商业助学贷款实行"部分自筹、有效担保、专款专用和按期偿还"的原则,国家助学贷款实行"财政贴息、风险补偿、信用发放、专款专用和按期偿还"的原则。故选项E说法错误。

94. ABCDE 【解析】选项A、选项B、选项C、选项D、选项E均属于保证人保证能力和保证意愿严重弱化的情形,应及时通知借款人,要求变更担保措施。

95. ABD 【解析】贷款人应根据重大经济形势变化、违约率明显上升等异常情况,对贷款审批环节进行评价分析,及时并有针对性地调整审批政策,加强相关贷款的管理。故选项C说法错误。贷款人应根据审慎性原则,完善授权管理制度,规范审批操作流程,明确贷款审批权限,实行审贷分离和授权审批,确保贷款审批人员按照授权独立审批贷款。故选项E说法错误。

96. ABC 【解析】征信管理部门应在收到个人异议申请的2个工作日内将异议申请转交征信服务中心。故选项D处理方法错误。征信服务中心应在接到异议申请的2个工作日内进行内部核查。故选项E处理方法错误。

97. ABC 【解析】个人住房贷款是指贷款人向借款人发放的用于购买住房的贷款,主要包括自营性个人住房贷款、公积金个人住房贷款和个人住房组合贷款。

98. ABC 【解析】个人住房贷款的经办人员应该认真负责地进行实地调查和资料收集,获取真实、全面的信息资料,独立地对借款人信用和经济收入做出评价和判断。故选项D不符合题意。在贷款发放前,落实贷款有效担保。故选项E不符合题意。

99. ABC 【解析】公积金个人住房贷款业务的操作模式有3种,包括"银行受理,公积金管理中心审核审批,银行操作"模式、"公积金管理中心受理、审核审批,银行操作"模式、"公积金管理中心和承办银行联动"模式。

100. ABC 【解析】个人保证贷款手续简便,只要保证人愿意提供担保,银行经过核保认定保证人具有保证能力,签订保证合同即可,整个过程涉及银行、借款人和担保人三方,贷款办理时间短,环节少。

101. ACD 【解析】商业银行如果违反规定查询个人的信用报告,或将查询结果用于规定范围之外的其他目的,将被责令改正,并处以经济处罚;涉嫌犯罪的,则将依法移交司法机关处理。

102. ABC 【解析】申请商用房贷款的借款人必须提供一些担保措施,包括抵押、质押、保证、履约保证保险。

103. ABDE 【解析】房地产估价方法主要有市场法、成本法、收益法、假设开发法、长期趋势法、基准地价修正法等。

104. ABC 【解析】根据产品用途的不同,个人贷款产品可以分为个人消费类贷款和个人经营类贷款等,其中个人住房贷款属于个人消费类贷款。故选项A说法错误。"财政贴息、风险补偿、信用发放、专款专用和按期偿还"是国家助学贷款实行的原则。故选项B说法错误。个人旅游消费贷款也可用于银行认可的国外旅游所需费用的贷款。故选项C说法错误。

105. ABC 【解析】商业银行如果违反规定查询个人的信用报告,或将查询结果用于规定范围之外的其他目的,将被责令改正,并处以1万元以上3万元以下的罚款;涉嫌犯罪的,则将依法移交司法机关处理。故选项D说法错误。商业银行各级用户应妥善保管自己的用户密码,至少两个月更改一次密码。故选项E说法错误。

三、判断题

106. A 【解析】题干表述正确。

107. A 【解析】题干表述正确。

108. B 【解析】发卡银行应当对债务人本人及其担保人进行催收,对催收过程应当进行录音,录音资料至少保存2年备查。

109. A 【解析】题干表述正确。

110. B 【解析】个人经营贷款可采用按月等额本息还款法、按月等额本金还款法、按周还本付息还款法。贷款期限在1年(含)以内的,可采用按月付息、到期一次性还本的还款方式。采用低风险质押担保方式且贷款期限在1年以内的,可采用到期一次性还本付息的还款方式。

111. B 【解析】组合还款法是一种将贷款本金分段偿还,根据资金的实际占用时间计算利息的还款方式、还款期间,每个阶段约定偿还的本金在规定的年限中按等额本息的方式计算每月偿还额,未归还的本金部分按月计息,两部分相加即形成每月的还款金额。

112. A 【解析】重视贷后管理原则的主要内容:①监督贷款资金按用途使用;②对借款人账户进行监控;③强调借款合同的相关约定对贷后管理工作的指导性和约束性;④明确贷款人按照监管要求进行贷后管理的法律责任。

113. B 【解析】低成本策略强调降低银行成本,使银行保持令人满意的边际利润,同时成为一个低成本竞争者。专业化策略要求银行在所选市场的一个或几个部分中加强竞争力度。

114. B 【解析】贷款审批人对个贷业务的审批意见类型为"同意""否决"两种。

115. B 【解析】银行除对项目有关资料进行审查外,还需对项目进行实地调查。

《个人贷款》真题试卷(二)
参考答案及解析

一、单项选择题

1. C 【解析】20世纪80年代中期,为适应居民个人住房消费需求,中国建设银行率先在国内开办了个人住房贷款业务,随之各商业银行相继在全国范围内全面开办该业务。

2. D 【解析】到目前为止,我国个人贷款业务经历了起步、发展和规范3个阶段:①住房制度的改革促进了个人住房贷款的产生和发展;②国内消费和创业需求的增长推动了个人信贷的蓬勃发展;③商业银行股份制改革推动了个人贷款业务的规范发展。故选项A、选项B、选项C表述错误。

3. D 【解析】个人贷款的特征:①贷款品种多、用途广;②贷款便利;③还款方式灵活。

4. A 【解析】个人旅游消费贷款指银行向个人发放的、用于借款人个人及其家庭成员(包括借款申请人的配偶、子女及其父母)参加银行认可的各类旅行社(公司)组织的国内、外旅游所需费用的贷款。

5. C 【解析】按照有关规定,借款人所购车辆为商用新能源汽车的,汽车贷款最高发放比例为75%。

6. D 【解析】个人贷款的贷后与档案管理是指贷款发放后到合同终止期间对有关事宜的管理,包括贷后检查、合同变更、本息回收、贷款的风险分类与不良贷款管理以及贷款档案管理等工作。

7. A 【解析】在个人经营贷款业务中,贷款人须对借款人所经营企业的对外担保情况进行调查,主要是为了确定借款人的还款能力。

8. D 【解析】采用抵押住房担保方式进行个人经营贷款借贷的，贷款金额最高不超过抵押物价值的 70%。由此可知，选项 D 符合题意。

9. A 【解析】二手车是指从办理完机动车注册登记手续到规定报废年限 1 年之前进行所有权变更并依法办理过户手续的汽车。

10. D 【解析】个人贷款可以帮助银行分散风险，无论是单个贷款客户的集中还是贷款客户在行业内或区域内的集中，个人贷款都不同于企业贷款，因而，可以成为银行分散风险的资金运用方式。故选项 D 说法错误。

11. A 【解析】电子银行的功能包括信息服务功能、展示与查询功能、综合业务功能。故不包括选项 A。

12. B 【解析】公积金个人住房贷款不以营利为目的，实行"低进低出"的利率政策，带有较强的政策性，贷款额度受到限制。因此，它是一种政策性个人住房贷款。

13. C 【解析】个人教育贷款的贷款期限为学制加 13 年，最长不超过 20 年。

14. B 【解析】个人贷款申请，并按银行要求提交相关申请材料。对于有共同申请人的，应同时要求共同申请人提交有关申请材料。申请材料清单包括：①个人经营贷款申请表；②借款人及其配偶有效身份证件、户籍证明、婚姻状况证明原件及复印件；③经年检的个体工商户营业执照原件及复印件；④个人收入证明；⑤能反映借款人或其经营实体近期经营状况的银行结算账户明细或完税凭证等证明资料；⑥抵押房产权属证明原件及复印件；⑦贷款采用保证方式的，须提供保证人相关资料；⑧贷款人要求提供的其他文件或资料。

15. A 【解析】在境内工作、学习的境外个人须满足我国关于境外人士购房相关政策。故借款人可以为外籍人士，故选项 A 说法错误。

16. A 【解析】为防范个人商用房贷款信用风险，银行除参照个人住房贷款部分加强对工薪类借款人还款能力和还款意愿的调查分析外，还要做好对借款人经营收入及商用房项目运营前景调查。

17. B 【解析】个体网络借贷的特点包括操作简单、收益率高、无抵押。故不包括选项 B。

18. A 【解析】个人汽车贷款的借款人提供个人金融及非金融资产证明的，须提供相关权利凭证。

19. A 【解析】个人保证贷款手续简便，只要保证人愿意提供保证，银行经过核保认定保证人具有保证能力，签订保证合同即可，整个过程涉及银行、借款人和担保人三方，贷款办理时间短，环节少。故选项 A 说法错误。

20. C 【解析】选项 C 属于无担保贷款，选项 A、选项 B、选项 D 属于有担保贷款。

21. C 【解析】贷款风险分类应遵循不可拆分原则，即一笔贷款只能处于一种贷款形态，而不能同时处于多种贷款形态。

22. B 【解析】商业助学贷款的学费应按照学校的学费支付期逐笔发放，住宿费、生活费可按学费支付期发放或分列发放。

23. C 【解析】商业银行将产品研发、未来的发展计划向客户/公众告知并广泛征求意见，以提早预知和防范新产品/服务可能引起的声誉风险。这体现了增强对客户/公众的透明度。

24. B 【解析】贷款人受理借款人贷款申请后，应履行尽职调查职责，对个人贷款申请内容和相关情况的真实性、准确性、完整性进行调查核实，并形成调查评价意见。贷款审查应对贷款调查内容的合法性、合理性、准确性进行全面审查。

25. A 【解析】贷款调查应以实地调查为主、间接调查为辅，采取现场核实、电话查问以及信息咨询等途径和方法。

26. A 【解析】新能源汽车是指采用新型动力系统，完全或者主要依靠新型能源驱动的汽车，包括插电式混合动力（含增程式）汽车、纯电动汽车和燃料电池汽车等。汽油车属于依靠常规能源的汽车。

27. C 【解析】贷款人在不损害借款人合法权益和风险可控的前提下，可将贷款调查中的部分特定事项审慎委托第三方代为办理，但必须明确第三方的资质条件。贷款人不得将贷款调查的全部事项委托第三方完成。故选项 C 表述错误。

28. B 【解析】抵押人对抵押物占有的合法性，包括抵押物已设定抵押权属情况，抵押物权属情况是否符合设定抵押的条件，借款申请人提供的抵押物是否为抵押人所拥有，财产共有人是否同意抵押，抵押物所有权是否完整。选项 B 属于对抵押物价值与存续状况的调查。

29. D 【解析】自营性个人住房贷款，也称商业性个人住房贷款，是指银行运用信贷资金向在城镇购买、建造或大修理各类型住房的自然人发放的贷款。

30. B 【解析】中国人民银行在进行深入研究、调研，并广泛征求社会公众及政府相关部门意见后，制定了《征信业管理条例》，经国务院审议通过，于 2013 年 3 月起正式实施。

31. B 【解析】个人住房贷款的对象是具有完全民事行为能力的中华人民共和国公民或符合国家有关规定的境外自然人，未成年人不具有完全民事行为能力。故选项 B 和现行规定不符。

32. D 【解析】个人住房贷款包括自营性个人住房贷款、公积金个人住房贷款和个人住房组合贷款。

33. C 【解析】1997 年，中国人民银行颁布了《个人住房担保贷款管理试行办法》等一系列的关于个人住房贷款的制度办法，标志着国内住房贷款业务的正式全面启动。

34. A 【解析】20 世纪 80 年代中期，作为首批住房体制改革的试点城市，烟台、蚌埠两市分别成立了住房储蓄银行，开始发放住房贷款。

35. C 【解析】个人住房贷款可实行抵押、质押和保证 3 种担保方式。贷款银行可根据借款人的具体情况，采用一种或同时采用几种贷款担保方式。

36. B 【解析】在不实施"限购"措施的城市，对拥有两套及以上住房并已结清相应购房贷款的家庭，又申请贷款购买住房的，根据借款人偿付能力、信用状况等因素审慎把握并具体确定首付款比例。故选项 B 说法错误。

37. C 【解析】合法有效的身份证件，包括居民身份证、户口本、军官证、警官证、文职干部证、港澳台居民还乡证、居留证件或其他有效身份证件及婚姻状况证明。故不包括选项 C。

38. D 【解析】个人住房贷款真正的快速发展以 1998 年住房制度改革以及中国人民银行《个人住房贷款管理办法》的颁布为标志。

39. A 【解析】贷款人受托支付是指贷款人根据借款人的提款申请和支付委托，将贷款资金支付给符合合同约定用途的借款人交易对象。

40. A 【解析】贷款人受托支付完成后，应详细记录资金流向，归集保存相关凭证。

41. B 【解析】借款人需要调整借款期限，应向银行提交期限调整申请书，并必须具备以下前提条件：贷款未到期；无欠息；无拖欠本金，本期本金已归还。

42. D 【解析】与外部机构合作是当前和今后一段时间个人住房贷款业务开展的主要方式。中介机构除了为银行提供客源之外，大多数还承担一定的担保责任。同时，专业从事担保业务的中介担保公司，也是商业银行个人住房贷款业务的重要合作机构。

43. A 【解析】实时处理业务是电子银行同传统银行的一个重要区别。

44. D 【解析】公积金个人住房贷款的特点包括互助性、普遍性、利率低、期限长。故不包括选项 D。

45. D 【解析】合作机构风险的表现形式包括房地产开发商和中介机构的欺诈风险、担保公司的担保风险、其他合作机构的风险。故不包括选项 D。

46. A 【解析】为了营造一个更加公平、规范的市场竞争环境，2004 年 8 月，中国人民银行、国务院银行业监督管理机构联合颁布了《汽车贷款管理办法》。

47. C 【解析】由于汽车销售领域的特色，汽车贷款业务的办理不是商业银行能够独立完成的。业务办理过程中须与经销商、保险公司、担保机构、服务中介等建立业务关系或进行联系沟通，与其他行业联系很大。故选项 C 说法错误。

48. B 【解析】个人汽车贷款的期限（含展期）不得超过 5 年，其中，二手车贷款的贷款期限（含展期）不得超过 3 年。

49. B 【解析】个人汽车贷款所购车辆为自用传统动力汽车的，贷款额度不得超过所购汽车价格的 80%。

50. D 【解析】质押物应优先选择现金、存单、凭证式国债、银行承兑汇票等价值相对稳定、变现能力较强的金融质押品；对一年期以上应收账款、收费权等不易评估、不易监测、价值波动较大的质物应谨慎接受。

51. A 【解析】对于个人汽车贷款，所购车辆为自用车的，贷款额度不得超过所购汽车价格的 80%。汽车价格，对于新车是指汽车实际成交价格与汽车生产商公布价格中的低者。上述成交价格均不得含有各类附加税费及保费等。由此可知，本题选 A。

52. D 【解析】根据有关规定，个人汽车贷款申请人应具备一定的主体资格，即具有完全民事行为能力、还款能力和明确真实的购车意图等。由此可知，本题选 D。

53. B 【解析】按照五级分类方式，不良个人贷款包括五级分类中的后3类贷款,即次级、可疑和损失类贷款。

54. B 【解析】每笔个人汽车贷款只可以展期一次,展期期限不得超过1年,展期之后全部贷款期限不得超过银行规定的最长期限。

55. D 【解析】选项D属于个人经营贷款的信用风险的防控措施。

56. B 【解析】个人汽车贷款申请人可以是中华人民共和国公民,也可以是境内连续居住1年以上(含1年)的港、澳、台居民及外国人。故选项B不符合申请个人汽车贷款的条件。

57. D 【解析】个人汽车贷款的还款方式有多种,比较常用的是等额本息还款法、等额本金还款法、到期一次性还本付息3种。

58. D 【解析】题中,丙具有稳定的合法收入以及足够偿还贷款本息的个人合法资产,能够支付贷款银行规定的首期贷款,3人比较来说,一般银行应予以优先考虑丙。

59. B 【解析】一般男性自然人的还款期限不超过65岁,女性自然人的还款年限不超过60岁。

60. A 【解析】关于申请商用房贷款,银行要求借款人必须先付清不低于所购或所租的商用房全部价款50%以上的首期付款。故选项A说法错误。选项B、选项C、选项D的说法均是申请商用房贷款需要具备的条件。

61. D 【解析】商用房贷款贷前调查的内容不包括借款人所经营企业的经营状况。

62. B 【解析】风险评分主要是申请评分卡、行为评分卡和催收评分卡。

63. B 【解析】在我国,考虑到商业银行结算周期多以月为单位,相应地,个人信用数据库是每月更新一次信息,因此,最新的信用信息一般要间隔一个月以后才会在个人信用报告中展示出来。

64. A 【解析】征信服务中心应在接到异议申请的2个工作日内进行内部核查。

65. C 【解析】与普通个人住房贷款以工资薪金收入为主要还款来源不同,商用房贷款的还款来源主要是借款人经营性收入以及租金收入。故选项C说法错误。

66. C 【解析】按月还息、到期一次性还本还款法,即在贷款期限内每月只还贷款利息,贷款到期时一次性归还贷款本金,此种方式一般适用于期限在1年以内(含1年)的贷款。

67. C 【解析】个人住房贷款可采取多种还款方式进行还款。例如,一次性还本付息法、等额本息还款法、等额本金还款法、等比累进还款法、等额累进还款法及组合还款法等多种方法。故选项A、选项B说法错误。借款人可以根据需要选择还款方法,但一笔借款合同只能选择一种还款方法,贷款合同签订后,未经贷款银行同意,不得更改还款方式。故选项D说法错误。

68. D 【解析】个人住房贷款经审批同意的,贷款银行与借款人、担保人签订个人住房担保借款合同,明确各方权利和义务。借款合同应符合法律规定,明确约定各方当事人的诚信承诺和贷款资金的用途、支付对象、支付金额、支付条件以及支付方式等。

69. B 【解析】二手车是指从办理完机动车注册登记手续到规定报废年限一年之前进行所有权变更并依法办理过户手续的汽车。

70. D 【解析】贷款调查应以实地调查为主、间接调查为辅,采取现场核实、电话查问以及信息咨询等途径和方法。

71. D 【解析】《个人贷款管理暂行办法》明确规定,除特殊情形外,个人贷款资金应当采用贷款人受托支付方式向借款人交易对象支付。

72. C 【解析】个人汽车贷款实行"设定担保,分类管理,特定用途"的原则。

73. B 【解析】对贷款购买第二套住房的家庭,首付款比例不得低于60%,贷款利率不得低于基准利率的1.1倍。

74. D 【解析】根据《贷款通则》的规定,保证贷款应当由保证人与贷款人(债权人)签订保证合同,或保证人在借款合同上载明与贷款人协商一致的保证条款。

75. D 【解析】根据《担保法》的规定,保证人为法人的,要调查保证人是否具备保证人资格、是否具有代偿能力,如果保证人在3年内连续亏损、在银行黑名单之列或有重大违法行为损害银行利益的,均不得作为保证人。

76. B 【解析】根据《个人贷款管理暂行办法》的规定,采用贷款人受托支付的,银行应要求借款人在使用贷款时提出支付申请,并授权贷款人按合同约定方式支付贷款资金。

77. C 【解析】贷款利率由商业银行自行确定,一般不低于人民银行基准利率。故选项C表述错误。

78. A 【解析】个人商用房贷款的贷后管理应重点关注以下内容:①定期了解借款人客户信息变化情况;②定期查询银行相关系统,了解借款人在银行及其金融机构的信用状况;③定期对合作楼盘开展贷后现场检查,了解商业项目的商业运营情况;④定期检查大额贷款及"一人多贷"借款人是否能按时偿还贷款本息,是否存在影响贷款按时偿还的因素;⑤检查违约贷款违约原因,是否存在违规操作行为;⑥及时对违约贷款进行催收,对通过电话等通讯方式无法联系到的借款人进行上门催收;⑦检查逾期贷款是否在诉讼时效之内,催收贷款本、息通知书是否合规、合法。选项A属于签约发放与支付管理。

79. C 【解析】耐用消费品通常指价值较大、使用寿命相对较长的家用商品,包括除汽车、房屋以外的家用电器、电脑、家具、健身器材和乐器等。

80. B 【解析】等额本息还款法是指在贷款期内每月以相等的额度偿还贷款本息,其中归还的本金和利息的配给比例是逐月变化的,利息逐月递减,本金逐月递增。

二、多项选择题

81. ABC 【解析】个人经营贷款采用质押担保的,可接受自然人(含第三人)名下的各家银行存单及国债作为质物,相关规定按照个人质押贷款管理办法相关规定执行。

82. ABCDE 【解析】违约责任的承担形式主要有①违约金责任;②赔偿责任;③强制履行;④定金责任;⑤采取补救措施。

83. BCE 【解析】经办银行于每年9月底前,将上一年度实际发放的国家助学贷款金额和违约率按各高校进行统计汇总。故选项A说法错误。经办银行在发放贷款后,于每季度结束后的10个工作日内,汇总已发放的国家助学贷款学生名单、贷款金额、利率、利息,经合作高校确认后上报总行。故选项D说法错误。

84. ABC 【解析】"假个贷"的"假":①指不具有真实的购房目的;②指虚构购房行为使其具有"真实"的表象;③指捏造借款人资料或者其他相关资料等。

85. ABC 【解析】个人贷款定价模型包括成本加成定价模型、基准利率加点定价模型、客户盈利分析模型。

86. ABC 【解析】个人教育贷款签约与发放中的风险点主要包括:①合同凭证预签无效、合同制作不合格、合同填写不规范、未对合同签署人及签字(签章)进行核实;②在发放条件不齐全的情况下发放贷款,如贷款未经审批或是审批手续不全,各级签字(签章)不全;③未按规定办妥相关评估、公证等事宜;④未按规定的贷款额度、贷款期限、贷款的担保方式、结息方式、计息方式、还款方式、适用利率、利率调整方式和发放方式等发放贷款,导致错误发放贷款和贷款错误核算;⑤借款合同采用格式条款未公示。选项D属于贷款审查与审批中的风险,选项E属于贷后管理中的风险。

87. ABCD 【解析】采取保证担保方式的,应调查以下内容:①保证人是否符合《担保法》及其司法解释规定,具备保证资格;②保证人为法人的,要调查保证人是否具备保证人资格、是否具有代偿能力,对保证人为自然人的,应要求保证人提交相关材料,应查验贷款保证人提供的资信证明材料是否真实有效,包括基本情况、经济收入和财产证明等;③保证人与借款人的关系;④核实保证人保证责任的落实,查验保证人是否具有保证意愿并确知其保证责任。对开发商提供阶段性保证担保的,还要对开发商的经营情况、信用情况(主要包括履行担保责任情况、履约情况等)、财务状况、高级领导层变动情况、是否卷入纠纷、与银行合作情况(主要包括是否在银行有房地产开发贷款、以前合作是否顺利等)等进行调查。选项E中的说法太绝对,故不选。

88. ABCD 【解析】贷款发放前,应落实有关贷款发放条件,其主要包括的条件:①需要办理保险、公证等手续的,有关手续已经办理完毕;②对采取委托扣划还款方式的借款人,要确认其已在银行开立还本付息账户用于归还贷款;③对采取抵(质)押的贷款,要落实贷款抵(质)押手续;④对自然人作为保证人的,应明确并落实履行保证责任的具体操作程序。另外,对于个人住房贷款,还要重点确认借款人首付款已全额支付到位。

89. ABCD 【解析】贷款经办行贷后管理内容包括客户关系维护、押品管理、违约贷款催收及相应的贷后检查等工作。信贷管理部门负责贷后监测、检查及对贷款经办行贷后管理工作的组织和督导。

90. ACD 【解析】选项A、选项C、选项D属于深入了解个人住房贷款客户还款意愿的方法,选项B、选项E属于加强对借款人还款能力甄别的方法。

91. ABCD 【解析】选项E属于开展个人贷款的宏观经济意义,并非相对于金融机构而言,故不入选。

92. ABCD 【解析】风险限额是指银行业金融机构根据外部经营环境、整体发展战略和风险管理水平,为反映整个机构组合层面风险,针对具体区域、行业、贷款品种及客户等设定的风险总量控制上限,是其在特定领域所愿意承担风险的最大限额。

93. ABCD 【解析】个人保证贷款手续简便,只要保证人愿意提供保证,银行经过核保认定保证人具有保证能力,签订保证合同即可,整个过程涉及银行、借款人和保证人三方,贷款办理时间短,环节少。如果贷款出现逾期,银行可直接向保证人扣收贷款,无须经过法律程序。但是出现纠纷时一般通过法律程序进行解决。故选项A、选项B、选项C、选项D表述正确,选项E表述错误。

94. ABCD 【解析】贷前调查的调查方式包括审查借款申请材料、与借款申请人面谈、实地调查等。此外,可配合电话调查和其他辅助调查方式核实有关申请人身份、收入等其他情况。

95. ABCDE 【解析】开发商资信审查内容具体包括:①房地产开发商资质调查;②企业资信等级或信用程度;③企业法人营业执照(如经营是否合法、项目开发是否在经营范围内、是否按期纳税等);④会计报表(如企业的财务状况和资金实力);⑤开发商的债权债务和为其他债权人提供担保的情况;⑥企业法人代表的个人信用程度和管理层的决策能力。

96. ABCD 【解析】个人贷款的特征包括:①贷款品种多、用途广;②贷款便利;③还款方式灵活;④低资本消耗。

97. ABCD 【解析】除选项A、选项B、选项C、选项D外,个人贷款申请还应具备以下条件:①借款人为具有完全民事行为能力的中华人民共和国公民或符合国家有关规定的境外自然人;②贷款人要求的其他条件。

98. ABCD 【解析】在个人征信异议处理工作中常常遇到的异议申请主要有以下几种类型:①个人认为某一笔贷款或信用卡本人根本就没申请过;②身份、居住、职业等个人基本信息与实际情况不符;③认为贷款或信用卡的逾期记录与实际不符;④对担保信息有异议。

99. ABD 【解析】市场风险包括利率风险、汇率风险、股票风险和商品风险。

100. ABDE 【解析】《汽车贷款管理办法》与《汽车消费贷款管理办法(试点办法)》的不同点主要有以下几点:①调整了贷款人主体范围;②细化了借款人类型;③扩大了贷款购车的品种。另外,《汽车贷款管理办法》还明确规定,购车人在购买二手车时也可以申请贷款。

101. ABDE 【解析】在个人经营贷款开办初期,应严格个人经营贷款外部担保机构的准入。基本准入资质应符合以下几方面要求:①注册资金应达到一定规模;②具有一定的信贷担保经验,原则上应从事担保业务一定期限,信用评级达到一定的标准;③具备符合担保业务要求的人员配置、业务流程和系统支持;④具有良好的信用资质,公司及其主要经营者无重大不良信用记录,无违法涉案行为等;⑤此类担保公司,原则上应要求其与贷款银行进行独家合作,如与多家银行合作,应对其担保总额度进行有效监控;⑥具有监管认可的融资担保业务经营许可证。

102. ABDE 【解析】个人贷款定价的一般原则包括成本收益原则、风险定价原则、参照市场价格原则、组合定价原则、与宏观经济政策一致原则。

103. ABDE 【解析】根据《个人贷款管理暂行办法》的规定,个人贷款应当遵循依法合规、审慎经营、平等自愿、公平诚信的原则。

104. ABDE 【解析】个人汽车贷款的贷后与档案管理是指贷款发放后到合同终止前对有关事宜的管理,包括贷款的回收、合同变更、贷后检查、不良贷款管理以及贷后档案管理。

105. ABDE 【解析】在我国的全国个人信用信息基础数据库系统中,依法采集和保存的全国银行信贷信用信息主要包括个人在商业银行的借款、抵押、担保数据及身份验证信息,在此基础上,将逐步扩大到保险、证券、工商等领域,从而形成覆盖全国的基础信用信息服务网络。

三、判断题

106. B 【解析】对于决策意见为"否决"的业务,申报机构(部门)认为有充分的理由时,可提请重新审议(称为复议),但申请复议时申报机构(部门)须针对前次审批提出的不同意理由补充相关资料,原信贷审批部门有权决定是否安排对该笔业务的复议。

107. B 【解析】同笔贷款的合同填写人与合同审查人不得为同一人。

108. B 【解析】个人住房贷款在贷款期间,经贷款银行同意,可根据实际情况变更贷款担保方式。当保证人、抵押物、质押权利发生变更时,应与贷款银行重新签订担保合同。

109. B 【解析】在合同履行期间,须变更借款合同主体的,借款人或财产继承人持有效法律文件,向贷款银行提出书面申请,经审批同意变更借款合同主体后,贷款银行与变更后的借款人、担保人重新签订有关合同文本。

110. B 【解析】贷款的支付方式有委托扣款和柜面还款两种方式。

111. B 【解析】关注贷款是指借款人虽能还本付息,但已存在影响贷款本息及时、全额偿还的不良因素。

112. B 【解析】利率调整的周期较短或实行浮动利率制,利率风险将基本由借款人承担,为公平合理起见,利率风险加点可相应降低。利率调整的周期较长或实行固定利率,利率风险将部分或全部转嫁给银行,利率风险加点可相应提高。

113. B 【解析】个人耐用消费品贷款期限一般为1~3年,最长10年。

114. A 【解析】题干表述正确。

115. A 【解析】题干表述正确。

《个人贷款》真题试卷(三)
参考答案及解析

一、单项选择题

1. C 【解析】客户可以根据自己的需求和还款能力的变化情况,与贷款银行协商后改变还款方式。故选项C说法错误。

2. A 【解析】抵押担保是指借款人或第三人不转移对法定财产的占有,将该财产作为贷款的担保。

3. B 【解析】到目前为止,我国个人贷款业务的发展经历了起步、发展和规范三个阶段。其中,住房制度的改革促进了个人住房贷款的产生和发展。

4. B 【解析】2010年2月12日,国务院银行业监督管理机构颁布了《个人贷款管理暂行办法》。

5. C 【解析】在发放学生信用卡之前,发卡银行必须落实第二还款来源,取得第二还款来源方(父母、监护人、或其他管理人等)愿意代为还款的书面担保材料,并确认第二还款来源方身份的真实性。

6. D 【解析】个人消费类贷款包括个人住房贷款、个人汽车贷款、个人教育贷款、个人住房装修贷款、个人耐用消费品贷款、个人旅游消费贷款和个人医疗贷款等。选项D属于个人经营类贷款。

7. B 【解析】根据贷款性质的不同,个人教育贷款可分为国家助学贷款和商业助学贷款。

8. D 【解析】公积金个人住房贷款实行"低进低出"的利率政策。

9. C 【解析】商业助学贷款实行"部分自筹、有效担保、专款专用和按期偿还"的原则。故不包括选项C。

10. C 【解析】国家助学贷款的发放方式是借款人一次申请、贷款银行一次审批、单户核算、分次发放。

11. C 【解析】个人住房贷款在各国个人贷款业务中都是最主要的产品,在我国也是最早开办、规模最大的个人贷款产品。

12. B 【解析】个人旅游消费贷款是指银行向自然人发放的、用于借款人个人及其家庭成员(包括借款申请人的配偶、子女及其父母)参加银行认可的各类旅行社(公司)组织的国内、外旅游所需费用的贷款。故选项B表述错误。

13. C 【解析】借款人所购汽车为二手车的,贷款额度不得超过所购汽车价格的70%。

14. D 【解析】《中华人民共和国物权法》规定了不得抵押财产的范围:①土地所有权;②耕地、宅基地、自留地、自留山等集体所有的土地使用权,但法律规定可以抵押的除外;③学校、幼儿园、医院等以公益为目的的事业单位、社会团体的教育设施、医疗卫生设施和其他社会公益设施;④所有权、使用权不明或者有争议的财产;⑤依法被查封、扣押、监管的财产;⑥法律、行政法规规定不得抵押的其他财产。

15. D 【解析】个人贷款贷前调查包括但不限于以下内容:材料一致性、借款人基本情况、借款人信用情况、借款人收入情况、担保情况、借款用途。

16. A 【解析】公积金个人住房贷款业务操作模式有:第一种模式是"银行受理,公积金管理中心审核审批,银行操作"模式;第二种模式是"公积金管理中心受理、审核和审批,银行操作"模式;第三种模式是"公积金管理中心和承办银行联动"模式。

17. C 【解析】《商业银行房地产贷款风险管理指引》规定,商业银行应将借款人住房贷款的月房产支出与收入比控制在50%以下(含50%),月所有债务支出与收入比控制在55%以下(含55%)。房产支出与收入比的计算公式:(本次贷款的月还款额+月物业管理费)/月均收入×100%=(2350+150)÷5000×100%=50%;所有债务与收入比的计算公式:(本次贷款的月还款额+月物业管理费+其他债务月均偿付额)÷月均收入×100%=(2350+150+300)÷5000×100%=56%。

18. C 【解析】审贷分离是指银行业金融机构将贷款审批与贷款发放作为两个独立的业务环节,分别管理和控制,以达到降低信贷业务操作风险的目的。推行审贷分离,一方面可以加强商业银行的内部控制,防范操作风险;另一方面可以践行全流程管理的理念,建设流程银行,提高专业化操作水平,强调各部门和岗位之间的有效制约,避免前台部门权力过于集中。

19. A 【解析】在现行政策中,个人住房贷款最低首付款比例为20%。

20. C 【解析】个人抵押贷款的抵押物一般为借款申请人本人或第三人名下的拥有房屋所有权,且产权处于自由权利状态下的住房或商用房,材料中的抵押物未办理过户手续,故应变更房产所有权证书后重新申请贷款。故本题选C。

21. D 【解析】个人住房贷款与其他个人贷款相比,具有以下特点:①贷款期限长;②大多以抵押为前提建立借贷关系;③风险具有系统性特点,风险相对较低。选项D属于汽车贷款的特点。

22. D 【解析】在个人住房贷款业务中,采取的担保方式以抵押担保为主,在未实现抵押登记前,普遍采取抵押加阶段性保证的方式。

23. A 【解析】现阶段由于缺乏征信体系,国内商业银行个人住房贷款业务大多要依赖于合作机构所提供的担保方式来规避风险。由于银行忽视了对合作机构资质水平的考察以及对其权责的约束,导致合作机构的住房贷款风险逐步暴露。因此,商业银行开始认识到选择优质的合作机构的重要性。故选项A说法错误。

24. C 【解析】在借款人购买的房屋没有办好抵押登记之前,一般要求由开发商提供阶段性或全程担保。

25. D 【解析】贷款审批人应根据审查情况签署审批意见,对不同意贷款的,应写明拒批理由;对须补充材料后再审批的,应详细说明需要补充的材料名称与内容;对同意或有条件同意贷款的,如贷款条件与申报审批的贷款方案内容不一致的,应提出明确的调整意见。贷款审批人签署审批意见后,应将审批表连同有关材料退还业务部门。故选项A、选项B、选项C说法正确,选项D说法错误。

26. C 【解析】个人商用房贷款贷后管理相关工作由贷款经办行及信贷管理部门共同负责。

27. D 【解析】对原申报业务报批材料中已提供的材料,可不重复报送。故选项D说法错误。

28. C 【解析】合同填写完毕后,填写人员应及时将有关合同文本移交合同复核人员进行复核。同笔贷款的合同填写人与合同复核人不得为同一人。故选项C说法错误。

29. B 【解析】在填写个人贷款合同时,需要填写空白栏,且空白栏后有备选项的,在横线上填好选定的内容后,对未选的内容应加横线表示删除;合同条款有空白栏,但根据实际情况不准备填写内容的,应加盖"此栏空白"字样的印章。故选项B说法错误。

30. D 【解析】填写合同时,贷款金额、贷款期限、贷款利率、担保方式和还款方式等有关条款要与最终审批意见一致。故选项D说法错误。

31. C 【解析】按照资金来源划分,个人住房贷款包括自营性个人住房贷款,公积金个人住房贷款和个人住房组合贷款,其中只有公积金个人住房贷款是不以营利为目的的政策性贷款。故选项C说法错误。

32. A 【解析】选项A属于个人住房贷款对借款申请人的要求,与个人经营贷款无关。

33. D 【解析】个人住房贷款真正的快速发展,应以1998年住房制度改革及中国人民银行《个人住房贷款管理办法》的颁布为标志。

34. A 【解析】由于借款人须将价值充足、变现性强的权利凭证质押给银行,银行贷款风险较低,担保方式相对安全,个人质押贷款的风险控制重点是关注质物的真实性、合法性和可变现性,防范操作风险。

35. B 【解析】采用质押担保方式的,质物可以是国家财政部发行的凭证式国库券、国家重点建设债券、单位定期存单、个人定期储蓄存款存单、金融债券、符合贷款银行规定的企业债券等有价证券,但个人活期储蓄存折不包括在内。

36. A 【解析】贷前调查人应通过借款申请人对所购汽车的了解程度、所购买汽车价格与本地区价格是否差异很大和二手车的交易双方是否有关联关系等判断借款申请人购车行为的真实性、了解借款申请人购车动机是否正常、额度是否合理。

37. C 【解析】对个人住房贷款楼盘项目的准入调查包括对开发商资信的调查、项目本身的调查以及对项目的实地考察。

38. D 【解析】个人贷款楼盘项目本身审查包括:①项目资料完整性、真实性和有效性;②项目的合法性;③项目工程进度;④项目资金到位情况。

39. C 【解析】"担保放大倍数"是指担保公司对外提供担保的余额与自身实收资本的倍数。

40. D 【解析】个人住房贷款中,合作机构风险的表现形式主要包括:①房地产开发商和中介机构的欺诈风险,主要表现为"假个贷";②担保公司的担保风险,主要的表现是"担保放大倍数"过大;③其他合作机构的风险,在二手房贷款业务中,往往涉及多个社会中介机构,如房屋中介机构、评估机构及律师事务所等,可能在社会中介机构环节出现风险。

41. C 【解析】"假个贷"的防控措施包括:①深入调查分析合作机构资质情况;②加强一线人员建设,严把贷款准入关;③进一步完善个人住房贷款风险保证金制度;④要积极利用法律手段,追究当事人刑事责任,加大"假个贷"的实施成本。

42. B 【解析】操作风险是指由不完善或有问题的内部程序、员工、信息科技系统以及外部事件所造成损失的风险,包括法律风险,但不包括声誉风险和战略风险。

43. D 【解析】存在下列情况,银行应暂停与相应机构的合作:①经营出现明显问题;②有违法违规经营行为的;③与银行合作的存量业务出现严重不良贷款的;④所进行的合作对银行业务拓展没有明显促进作用的;⑤其他对银行业务发展不利的因素。

44. C 【解析】农村金融机构要建立优质农户与诚信客户正向激励制度,对按期还款、信用良好的借款人采取优惠利率、利息返还、信用累积奖励等方式,促进信用环境不断改善。

45. D 【解析】为了保证个人信用信息的合法使用,保护个人的合法权益,中国人民银行对个人征信系统的安全管理采取了授权查询、限定用途、保障安全、查询记录、违规处罚等措施,保护个人隐私和信息安全。

46. C 【解析】个人汽车贷款的特点主要体现在以下几个方面:①作为汽车金融服务领域的主要内容之一,在汽车产业和汽车市场发展中占有一席之地;②与汽车市场的多种行业机构具有密切关系;③风险管理难度相对较大。故不包括选项C。

47. D 【解析】1998年9月《汽车消费贷款管理办法(试点办法)》的颁布,是继1997年出台个人住房贷款业务的政策之后,中国人民银行推动消费信贷业务的又一新举措。

48. C 【解析】借款人应按合同约定的计划按时还款,如果确实无法按照计划偿还贷款,可以申请展期,借款人须在贷款全部到期前30天提出展期申请。

49. A 【解析】个人汽车贷款的贷款流程:受理—调查—审查—审批—签约—发放。

50. D 【解析】贷款受理人应对借款申请人提交的借款申请书及申请材料进行初审,主要审查借款申请人的主体资格及借款申请人所提交材料的完整性与规范性。

51. B 【解析】贷款银行在发放个人汽车贷款时,贷款银行认可的借款人还款能力证明材料,包括收入证明材料和有关资产证明等。

52. D 【解析】合作后的管理具体包括:①及时了解开发商的工程进度,防止"烂尾"工程;②及时了解开发商的经营及财务状况是否正常,担保责任的履行能力能否保证;③了解借款人的入住情况及对住房的使用情况等;④借款人早期发生违约行为后,及时通知开发商履行担保责任;⑤密切注意和掌握房地产市场的动态等。故本题选D。

53. C 【解析】选项A、选项B、选项D均为办理个人汽车贷款申请时需要提交的一般材料,而"直客式"模式不需要提供汽车经销商出具的购车意向证明。

54. A 【解析】操作风险防范措施包括:①提高贷款经办人员职业操守和敬业精神;②掌握并严格遵守个人住房贷款相关的规章制度和法律法规;③严格落实贷前调查和贷后检查。

55. C 【解析】借款所购车辆为商用车,还需提供所购车辆可合法用于运营的证明,如车辆挂靠运输车队的挂靠协议和租赁协议等。

56. D 【解析】普惠金融是一种责任,主要任务是为传统或正规金融机构体系之外的广大中、低收入阶层甚至是贫困人口提供机会，为贫困、低收入人口和微小企业提供可得性金融服务。

57. C 【解析】贷前调查可以采取审查借款申请材料、面谈借款申请人、查询个人信用、实地调查和电话调查等多种方式进行。

58. D 【解析】银行在与保险公司的合作过程中可能存在风险：①保险公司依法解除保险合同，贷款银行的债权难以得到保障；②免责条款成为保险公司的“护身符”，贷款银行难以追究保险公司的保险责任；③保证保险的责任限制造成风险缺口；④银保合作协议的效力有待确认，银行降低风险的努力难以达到预期效果。

59. C 【解析】贷款审查人负责对借款申请人提交的材料进行合规性审查，对贷前调查人提交的个人住房贷款调查审批表、面谈记录以及贷前调查的内容是否完整进行审查。故不包括选项C。

60. B 【解析】贷款审查应对贷款调查内容的合法性、合理性、准确性进行全面审查，重点关注调查人的尽职情况和借款人的偿还能力、诚信状况、担保情况、抵（质）押比率、贷款风险程度等。

61. C 【解析】借款申请人所提交的材料是否真实、合法具体包括：①借款人、保证人、抵押人、出质人的身份证件是否真实、有效；②抵（质）押物的权属证明材料是否真实、有无涂改现象等；③借款人提供的直接划拨账户是否是借款人本人所有的活期存款账户等。故不包括选项C。

62. C 【解析】根据有关规定，经过核查，无法确认异议信息存在错误的，征信服务中心不得按照异议申请人的要求更改相关个人信息，即应保留原信息。

63. B 【解析】个人贷款的贷后与档案管理是指贷款发放后到合同终止期间对有关事宜的管理，包括贷后检查、合同变更、本息回收、贷款的风险分类与不良贷款管理以及贷款档案管理等工作。

64. A 【解析】所有债务与收入比 = (本次贷款的月还款额 + 月物业管理费 + 其他债务月均偿付额) ÷ 月均收入 ×100% = (2500 + 500) ÷ 8000 ×100% = 37.5%。

65. C 【解析】贷款人应健全合同管理制度，能有效防范个人贷款法律风险。

66. B 【解析】根据《个人贷款管理暂行办法》的规定，贷款人应要求借款人以书面形式提出个人贷款申请。

67. A 【解析】对毕业后自愿到国家需要的艰苦地区、艰苦行业工作，服务期达到一定期限的借款学生，经批准可以奖学金方式代偿其贷款本息。

68. A 【解析】贷款受理人应对借款申请人提交的借款申请书及申请材料进行初审，主要审查借款申请人的主体资格及借款申请人所提交材料的完整性与规范性。

69. A 【解析】对已利用贷款购买住房、又申请购买第二套（含）以上住房的，贷款首付款比例不得低于40%，贷款利率不得低于中国人民银行公布的同期同档次基准利率的1.1倍。

70. A 【解析】风险补偿专项资金由各级国家助学贷款管理中心负责管理。

71. A 【解析】债务人或者第三人有权处分的下列财产可以抵押：①建筑物和其他土地附着物；②建设用地使用权；③以招标、拍卖、公开协商等方式取得的荒地等土地承包经营权；④生产设备、原材料、半成品、产品；⑤正在建造的建筑物、船舶、航空器；⑥交通运输工具；⑦法律、行政法规未禁止抵押的其他财产。

72. D 【解析】个人贷款原则上应当采用贷款人受托支付的方式向借款人交易对象支付。

73. B 【解析】个人汽车贷款的放款包括放款至经销商在贷款银行开立的存款账户和直接转入借款人在贷款银行开立的存款账户两种方式，即通过贷款人受托支付或借款人自主支付的方式发放贷款资金。

74. B 【解析】在贷款审查环节，个人住房贷款的贷款人应建立和完善借款人信用记录和评价体系。

75. B 【解析】差异化营销策略力求在客户的心目中树立一种独特的观念，并以这种独特性为基础，将它运用到市场竞争中。

76. A 【解析】个人耐用消费品贷款是指银行向个人发放的、用于购买大额耐用消费品的人民币担保贷款。所谓耐用消费品通常是指价值较大、使用寿命相对较长的家用商品，包括除汽车、住房外的家用电器、电脑、家具、健身器材、乐器等。

77. C 【解析】信用报告查询相关档案资料保管期限为3年，到期可对档案资料进行销毁。

78. A 【解析】采用等额累进还款法时，对收入增加的客户，可采取增大累进额、缩短间隔期等办法，使借款人分期还款额增多，从而减少借款人的利息负担；对收入水平下降的客户，可采用减少累进额、扩大累进间隔期等办法使借款人分期还款额减少，以减轻借款人的还款压力。

79. C 【解析】个人住房贷款可采取多种还款方式进行还款。从银行的角度来讲，等额本金还款法的还本速度比较快，风险比等额本息还款法小。

80. A 【解析】不良资产率一般是指不良资产（次级类贷款 + 可疑类贷款 + 损失类贷款）与信贷资产总额之比。

二、多项选择题

81. CD 【解析】银行业金融机构应根据借款人偿付能力、信用状况等因素审慎把握并具体确定首付款比例和贷款利率水平。

82. ABCD 【解析】能否发现“假个贷”，相关的一线经办人员责任重大，在具体操作时，要注意检查借款人身份的真实性、借款人信用状况、各类证件的真实性以及申报价格的合理性。

83. ABCDE 【解析】“直客式”营销模式有利于银行全面了解客户需求，做熟悉的客户，从而有效防止“假按揭”，提高风险防范能力，同时培育和发展长期、优质的客户群，开展全方位、立体式的业务拓展。

84. ABCDE 【解析】贷前调查人员在调查申请人基本情况、贷款用途、收入情况和贷款担保等情况时，应重点调查的内容除选项A、选项B、选项C、选项D和选项E外，还包括：①借款人是否已支付首期房款，首付款比例是否符合要求；②双人现场核实借款人拟购买的房产是否真实、合法、有效；③贷款申请额度、期限、成数、利率与还款方式是否符合规定。

85. ABCDE 【解析】贷款经办行贷后管理和检查工作具体包括：①定期了解借款人客户信息变化情况；②定期查询银行相关系统；③定期对合作楼盘开展贷后现场检查；④检查违约贷款违约原因，是否存在违规操作行为；⑤定期检查大额贷款及“一人多贷”借款人是否能按时偿还贷款本息，是否存在影响贷款按时偿还的因素；⑥及时对违约贷款进行催收，对通过电话等通讯方式无法联系到的借款人进行上门催收；⑦检查逾期贷款是否在诉讼时效之内，催收贷款本、息通知书是否合规、合法。

86. ABCDE 【解析】验证工资收入的真实性的方法包括：①在验证工资收入真实性的工作中，借款人须提供可靠的证明材料，如至少过去3个月的工资单、工资卡或存折入账流水、纳税证明、住房公积金缴存清单等证明；②通过电话调查、面谈核实其工作单位和收入的真实性；③通过了解其公积金数额及存折上流水情况来验证收入证明的真实情况；④对于难以提供工资单或公积金数额的客户，可以通过验证借款人缴纳个人所得税税单的数额来判定其真实收入水平。

87. ABCE 【解析】押品管理的原则有合法性原则、有效性原则、审慎性原则、差别化原则、平衡制约原则。

88. ABCDE 【解析】对个人汽车贷款人进行贷后检查的主要内容包括：①借款人是否按期足额归还贷款；②借款人工作单位、收入水平是否发生变化；③借款人的住所、联系电话有无变动；④有无发生可能影响借款人还款能力或还款意愿的突发事件，如卷入重大经济纠纷、诉讼或仲裁程序，借款人身体状况恶化或突然死亡等；⑤对于经营类车辆应监测其车辆经营收入的实际情况。

89. ACDE 【解析】对个人住房贷款合作项目准入流程中的项目调查包括：①项目资料的完整性、真实性和有效性调查；②项目的合法性调查；③项目工程进度调查；④项目资金到位情况调查。

90. ABCDE 【解析】选项A、选项B、选项C、选项D、选项E均为开展个人贷款业务所具有的意义。

91. ABCDE 【解析】房地产的特性包括：①不可移动；②独一无二；③寿命长久；④供给有限；⑤价值量大；⑥流动性差；⑦用途多样；⑧相互影响。

92. ABCDE 【解析】个人贷款贷前调查包括但不限于以下内容：①借款人基本情况；②借款人收入情况；③借款用途；④借款人还款来源、还款能力及还款方式；⑤保证人担保意愿、担保能力或抵（质）押物价值及变现能力。

93. ABCDE 【解析】除题中选项外，个人贷款贷前咨询的主要内容还包括：①个人贷款品种介绍；②个人贷款经办机构的地址及联系电话；③其他相关内容。

94. ABCDE 【解析】贷款审批人应对以下内容进行审查：①借款人是否具备资格和条件；②借款用途是否符合银行规定；③申请借款的金额、期限等是否符合有关规定；④借款人提供的材料是否完整、合法、有效；⑤贷前调查人的调查意见、对借款人资信状况的评价分析以及提出的贷款建议是否准确、合理；⑥对报批贷款的主要风险点及其风险防范措施是否有效、合规；⑦其他需要审查的事项。

95. ABCDE 【解析】个人贷款审批中需要注意的事

项包括:①确保贷款业务的办理符合银行政策和制度;②确保贷款申请材料合规,资料审查流程严密;③确保贷款方案合理,对每笔借款申请的风险情况进行综合判断,保证审批质量;④确保符合转授权规定,对于单笔贷款超过经办行审批权限的,必须逐笔将贷款申请及经办行审批材料报上级行进行后续审批;⑤严格按流程逐级审批。

96. ABCE 【解析】《中华人民共和国物权法》规定,债务人或者第三人有权处分的下列权利可以出质:①汇票、支票、本票;②债券、存款单;③仓单、提单;④可以转让的基金份额、股权;⑤可以转让的注册商标专用权、专利权、著作权等知识产权中的财产权;⑥应收账款;⑦法律、行政法规规定可以出质的其他财产权利。

97. ABCD 【解析】个人商业助学贷款的借款人、担保人因发生下列特殊事件而不能正常履行偿还贷款本息时,贷款银行有权采取停止发放尚未使用的贷款和提前收回贷款本息等措施:①借款人、担保人(自然人)死亡或宣告死亡而无继承人或遗赠人或宣告失踪而无财产代管人;②借款人、担保人(自然人)破产、受刑事拘留、监禁,以致影响债务清偿的;③担保人(非自然人)经营和财务状况发生重大的不利变化或已经法律程序宣告破产,影响债务偿还或丧失了代为清偿债务的能力;④借款人、担保人对其他债务有违约行为或因其他债务的履行,影响贷款银行权利实现的。故不包括选项 E。

98. ABCD 【解析】个人教育贷款的风险相对较高,故选项 E 说法错误。

99. ABCD 【解析】公积金个人住房贷款的贷款年限最长为 30 年,故选项 E 说法错误。

100. AC 【解析】个人教育贷款的特征:①具有社会公益性,政策参与程度较高;②多为信用类贷款,风险度相对较高。

101. AB 【解析】影响个人教育贷款借款人还款能力的因素包括:①借款人为受教育人的,毕业后如一时难以找到工作,无还款来源,且父母等关系人又因失业、疾病等原因致使家庭经济条件恶化,无法按计划偿还贷款;②借款人为受教育人父母的,随着国有企业改制和政府机构改革的深化,受教育者父母的下岗或分流压力加大,未来收入难以预测。

102. AB 【解析】个人经营贷款是指用于借款人合法经营活动的人民币贷款,其中借款人是指具有完全民事行为能力的自然人,贷款人是指银行开办个人经营贷款业务的机构,比如中国银行的个人投资经营贷款、中国建设银行的个人助业贷款。

103. ADE 【解析】个人经营贷款中信用风险的主要内容包括:①借款人还款能力发生变化;②借款人还款意愿下降;③保证人担保能力发生变化;④抵押物价值发生变化。选项 B 属于合作机构风险,选项 C 属于操作风险。

104. AE 【解析】个人征信系统的功能分为社会功能和经济功能。

105. ABE 【解析】个人征信系统是我国社会信用体系的重要基础设施,是由中国人民银行组织各商业银行建立的个人信用信息共享平台。该数据库采集、整理、保存公民个人信用信息。

三、判断题

106. A 【解析】《中华人民共和国保险法》赋予保险公司解除保险合同的权利,即如果投保人故意或过失不履行如实告知义务,足以影响保险人决定是否同意承保或提高保险费率的,保险人有权解除保险合同;投保人故意不履行如实告知义务的,保险人对于保险合同解除前发生的保险事故,不承担赔偿或者给付保险金的责任。

107. B 【解析】个人医疗贷款一般由贷款银行和保险公司联合当地的特定合作医院办理。

108. B 【解析】对于一手个人住房贷款,商业银行最主要的合作单位是房地产开发商。

109. A 【解析】题干表述正确。

110. A 【解析】题干表述正确。

111. A 【解析】题干表述正确。

112. B 【解析】贷款人应定期跟踪分析评估借款人履行借款合同约定内容的情况,并作为与借款人后续合作的信用评价基础。

113. B 【解析】根据《汽车贷款管理办法》的规定,贷款人的主体范围包括在中华人民共和国境内依法设立的、经中国银行保险监督管理委员会及其派出机构批准经营人民币贷款业务的商业银行、城乡信用合作社及获准经营汽车贷款业务的非银行金融机构。

114. A 【解析】国家助学贷款实行"财政贴息、风险补偿、信用发放、专款专用和按期偿还"的原则。

115. B 【解析】根据《住房公积金管理条例》的规定,住房公积金管理中心在保证住房公积金提取和贷款的前提下,经住房公积金管理委员会批准,可以将住房公积金用于购买国债。住房公积金管理中心不得向他人提供担保。

《个人贷款》真题试卷(四)
参考答案及解析

一、单项选择题

1. C 【解析】个人贷款业务可以帮助银行分散风险。出于风险控制的目的,商业银行最忌讳的是贷款发放过于集中。

2. B 【解析】采用第三方保证方式申请商用房贷款的,借款人应提供贷款银行可接受的第三方连带责任保证。故选项 B 表述错误。

3. B 【解析】个人耐用消费品贷款是指银行向个人发放的用于购买大额耐用消费品的人民币担保贷款。

4. A 【解析】国家助学贷款的贷款对象是中华人民共和国境内的(不含香港特别行政区和澳门特别行政区、台湾地区)普通高等学校中经济确实困难的全日制本专科生(含高职生)、研究生和第二学士学位学生。

5. B 【解析】银行押品的种类包括金融质押品、应收账款、商用房地产和居住用房地产以及其他押品。其中,应收账款包括交易类应收账款、应收租金、公路收费权、学校收费权等。

6. A 【解析】个人汽车贷款所购车辆按用途可以划分为自用车贷款和商用车贷款。故选项 A 表述错误。

7. D 【解析】根据是否有担保的不同,个人贷款产品可以分为有担保贷款和无担保贷款。有担保贷款包括个人抵押贷款、个人质押贷款和个人保证贷款。无担保贷款即个人信用贷款。

8. D 【解析】在商业助学贷款中,借款人和自然人保证人的工作单位及通信方式发生变更或法人保证人的法律关系、性质、名称、地址等发生变更时,借款人应提前 30 天通知贷款银行,借款双方应签订借款合同修正文本和保证合同修正文本。

9. C 【解析】个人抵押授信贷款并没有明确指定使用用途,其使用用途比较综合,个人只要能够提供贷款使用用途证明即可。故选项 C 表述错误。

10. B 【解析】个人质押贷款是指自然人以合法有效、符合银行规定条件的质物出质,向银行申请取得的一定金额的贷款。

11. A 【解析】个人贷款的三个发展历程的诱因分别是国内住房制度改革、国内消费和创业需求的增长、商业银行股份制改革。

12. D 【解析】所购车辆为自用传统动力汽车的,贷款额度不得超过 80%;所购车辆为商用传统动力汽车的,贷款额度不得超过 70%;所购车辆为自用新能源汽车的,贷款额度不得超过 85%,所购车辆为商用新能源汽车的,贷款额度不得超过 75%;所购车辆为二手车的,贷款额度不得超过 70%。

13. D 【解析】银行一般要求个人贷款客户至少需要满足以下基本条件:①具有完全民事行为能力的自然人,年龄在 18(含)~65 周岁(含);②具有合法有效的身份证明(居民身份证、户口本或其他有效身份证明)及婚姻状况证明等;③具有良好的信用记录和还款意愿,无违法行为,无任何违约记录;④具有稳定的收入来源和按时足额偿还贷款本息的能力;⑤具有还款意愿;⑥具有真实的贷款使用用途;⑦金融机构规定的其他具体要求。

14. D 【解析】借款人的权利包括:①可以自主向主办银行或者其他银行的经办机构申请贷款并依条件取得贷款;②有权按合同约定提取和使用全部贷款;③有权拒绝借款合同以外的附加条件;④有权向贷款人的上级和中国人民银行反映、举报有关情况;⑤在征得贷款人同意后,有权向第三人转让债务。选项 D 属于借款人的义务。

15. C 【解析】借款人申请个人汽车贷款时,所购车辆为二手车的,贷款额度不得超过所购汽车价格的 70%,因此小黄可以获得的贷款额度最高为 90×70% =63(万元)。

16. A 【解析】借款人在还款期限内死亡、宣告死亡、宣告失踪或丧失民事行为能力后,如果没有财产继承人或受遗赠人,或者继承人、受遗赠人拒绝履行借款合同的,贷款银行有权提前收回贷款,并依法处分抵押物或质押物,用于归还未清偿部分。

17. C 【解析】学校在全国学生贷款管理中心下达的年度贷款额度及控制比例内,组织学生申请借款。

18. C 【解析】按月还息、到期一次性还本还款法是指在贷款期限内每月只还贷款利息,贷款到期时一次性归还贷款本金。此方式一般适用于期限在 1 年以内(含 1 年)的贷款。

19. C 【解析】借款人变更还款方式时,借款人在变更还款方式前应归还当期的贷款本息,但并不要求借款人在变更还款方式前已还清所有贷款利息。故选项 C 说法错误。

20. C 【解析】根据《个人贷款管理暂行办法》的规定,在个人贷款业务中,按照合同约定办理抵押物登记的,贷款人应当参与;贷款人委托第三方办理的,应当对抵押物登记情况予以核实。

21. A 【解析】公积金个人住房贷款必须采用委托支付的支付管理方式,即贷款资金必须由贷款银行以转账的方式划入售房人账户,不得由借款人提取现金(特殊规定除外)。

22. C 【解析】按月等额本金还款法下,每月还款额计算公式:每月还款额 = 贷款本金 ÷ 还款期数 + (贷款本金 - 已归还贷款本金累计额) × 月利率 = 500000 ÷ (12 × 30) + (500000 - 0) × 0.49% = 3838.89(元)。

23. D 【解析】组合还款法是一种将贷款本金分段偿还,根据资金的实际占用时间计算利息的还款方式。

24. C 【解析】正常贷款是指借款人一直能正常还本付息,不存在任何影响贷款本息及时、全额偿还的不良因素,或借款人未正常还款属偶然性因素造成的。由题干可知,老高因出差在外,未能及时还款,属于偶然性因素造成的。故选项 C 符合题意。

25. B 【解析】对采取抵押担保方式的,应要求抵押物共有人在相关合同文本上签字。故选项 B 说法错误。

26. D 【解析】个人信用数据库采集的信息是个人信用交易的原始记录,商业银行和征信服务中心不得增加任何主观判断等。故选项 D 说法错误。

27. B 【解析】保证人为法人的,保证方签字人应为其法定代表人或其授权代理人,授权代理人必须提供有效的书面授权文件。故选项 B 说法错误。

28. C 【解析】需要办理保险、公证等手续的,应当在贷款发放前有关手续已经办理完毕。故选项 C 表述错误。

29. C 【解析】贷款人受托支付是指贷款人根据借款人的提款申请和支付委托,将贷款资金支付给符合合同约定用途的借款人交易对象。

30. A 【解析】《个人贷款管理暂行办法》规定,对于借款人无法事先确定具体交易对象且金额不超过 30 万元人民币的个人贷款,经贷款人同意可以采取借款人自主支付方式。

31. C 【解析】按照资金来源划分,个人住房贷款包括自营性个人住房贷款、公积金个人住房贷款和个人住房组合贷款。故选项 A、选项 D 说法错误。按照住房交易形态划分,个人住房贷款可分为新建房个人住房贷款、个人二手房住房贷款。故选项 B 说法错误。

32. A 【解析】公积金个人住房贷款,也称委托性住房公积金贷款,是指由各地住房公积金管理中心运用个人及其所在单位所缴纳的住房公积金,委托商业银行向购买、建造、翻建或大修自住住房的住房公积金缴存人以及在职期间缴存住房公积金的离退休职工发放的专项住房。

33. B 【解析】交叉营销是基于银行同客户的现有关系,向客户推荐银行的其他产品,这种策略的立足点是把工夫花在挽留老客户上。一个客户拥有银行的产品越多,被挽留的机会就越大。

34. A 【解析】个人住房贷款的计息、结息方式,由借贷双方协商确定。

35. B 【解析】在个人住房贷款业务中,采取的担保方式以抵押担保为主,在未实现抵押登记前,普遍采取抵押加阶段性保证的方式。

36. B 【解析】按照现行政策,个人住房贷款的最低首付款比例为 20%。所以个人住房贷款最高额度为 80%。

37. D 【解析】本人声明是客户本人对信用报告中某些无法核实的异议所做的说明。

38. B 【解析】期限调整是指借款人因某种特殊原因,向贷款银行申请变更贷款还款期限,包括延长期限、缩短期限等。故选项 B 说法错误。

39. D 【解析】为了保证个人信用信息的合法使用,保护个人的合法权益,中国人民银行制定颁布了《个人信用信息基础数据库管理暂行办法》《个人信用信息基础数据库金融机构用户管理办法》《个人信用信息基础数据库异议处理规程》等规章。

40. D 【解析】从宏观角度来看,个人贷款业务对于宏观经济的运行具有 3 个方面的积极意义:①有效支持城乡居民的消费需求,满足人民的生活需要;②扩大市场内需,推动相关企业的生产,对国民经济稳定、持续、快速、健康的发展起到了推动作用;③对启动、培育和繁荣消费市场起催化和促进的作用,对商业银行调整信贷结构、提高信贷资产质量、增加经营效益以及繁荣金融业起促进的作用。

41. A 【解析】个人住房贷款合作机构风险的表现形式:①房地产开发商和中介机构的欺诈风险;②担保公司的担保风险;③其他合作机构风险。

42. D 【解析】个人汽车贷款申请需要提交的材料清单之一是由汽车经销商出具的购车意向证明,但如为"直客式"模式办理,银行客户经理可以直接营销客户,受理客户贷款需求,则不需要在申请贷款时提供此项材料。

43. B 【解析】商业银行分析个人住房贷款合作机构的偿债能力时,重点看资产负债表。

44. D 【解析】选项 D 属于贷款审批过程中的风险。

45. A 【解析】对借款人、担保人在贷款期间发生任何违约事件,贷款银行可采取以下任何一项或全部措施:①要求限期纠正违约行为;②要求增加所减少的相应价值的抵(质)押物,或更换担保人;③停止发放尚未使用的贷款;④在原贷款利率基础上加收利息;⑤提前收回部分或全部贷款本息;⑥向保证人追偿;⑦依据有关法律及规定处分抵(质)押物;⑧向仲裁机关申请仲裁或向人民法院起诉。故不包括选项 A。

46. B 【解析】个人经营贷款的借款人须承诺贷款不以任何形式流入证券市场、期货市场和用于股本权益性投资、房地产项目开发,不用于借贷牟取非法收入,以及用于其他国家法律法规明确规定不得经营的项目。故选项 B 表述错误。

47. A 【解析】国内最初的汽车贷款业务是作为促进国内汽车市场发展、支持国内汽车产业的金融手段而出现的,最早出现于 1993 年。

48. A 【解析】借款合同需要变更的,必须经借贷双方协商同意,并依法签订变更协议。

49. A 【解析】经审批同意的贷款,应及时通知借款申请人以及其他相关人(包括抵押人和出质人等),确认签约的时间,签署《个人汽车贷款借款合同》和相关担保合同。

50. D 【解析】借款合同应符合法律规定,明确约定各方当事人的诚信承诺和贷款资金的用途、支付对象、支付金额、支付条件、支付方式等。

51. D 【解析】技术风险是指互联网平台或服务器存在系统漏洞、缺陷或者受到黑客攻击等导致系统无法正常运营及客户信息泄露的风险。

52. C 【解析】贷前调查可以采取审查借款申请材料、面谈借款申请人、查询个人信用、实地调查和电话及委托第三方调查等多种方式进行。故选项 C 说法错误。

53. C 【解析】在贷款期限内,借款人须持续按照贷款银行的要求为贷款所购车辆购买指定险种的车辆保险,并在保险单中明确第一受益人为贷款银行。

54. B 【解析】个人汽车贷款发放的具体流程包括:①出账前审核;②开户放款;③放款通知。

55. B 【解析】免息还款期最长为 60 天。

56. C 【解析】同笔贷款的合同填写人与合同复核人不得为同一人。故选项 C 说法错误。

57. A 【解析】以贷款所购车辆作抵押的,借款人须在办理完购车手续后,及时到贷款经办行所在地的车辆管理部门办理车辆抵押登记手续,并将购车发票原件、机动车登记证原件等交予贷款银行进行保管。故选项 B 表述错误。个人汽车贷款的贷款期限(含展期)不得超过 5 年。故选项 C 表述错误。所购车辆为商用车的,贷款额度不得超过所购汽车价格的 70%。故选项 D 表述错误。

58. C 【解析】商用房贷款合作机构的防控措施包括:①加强对开发商及合作项目审查;②加强对估值机构、地产经纪和律师事务所等合作机构的准入管理;③业务合作中不过分依赖合作机构。

59. A 【解析】个人商用房贷款操作风险的主要内容包括:①贷款受理与调查中的风险;②贷款审查与审批中的风险;③贷款签约与发放中的风险;④贷款支付管理中的风险;⑤贷后管理中的风险。选项 A 属于信用风险的范畴。

60. C 【解析】未按权限审批贷款,使得贷款超授权发放属于商用房贷款审查与审批环节中的操作风险。

61. C 【解析】除对已发放的个人信贷进行贷后风险管理的情况之外,商业银行查询个人信用报告时应取得被查询人的书面授权。故选项 C 说法错误。

62. A 【解析】商业银行在审核信贷及担保业务申请时,在取得个人书面授权同意后,可以查询个人的信用报告。故选项 A 表述错误。

63. A 【解析】个人征信系统数据的查询主体包括商业银行、个人、金融监管机构以及司法部门等政府机构。

64. C 【解析】根据《中华人民共和国物权法》的规定,可作为个人质押贷款的质物主要有①汇票、支票、本票;②债券、存款单;③仓单、提单;④可以转让的基金份额、股权;⑤可以转让的注册商标专用权、专利权、著作权等知识产权中的财产权;⑥应收账款;⑦法律、行政法规规定可以出质的其他财产权利。选项 C 属于负债,不能作为个人质押贷款的质物。

65. D 【解析】个人汽车贷款中所指的汽车价格指的是汽车实际成交价格(不含各类附加税、费及保费)与汽车生产商公布的价格的较低者。

66. C 【解析】国家助学贷款采用信用贷款的方式。

67. A 【解析】贷前调查人必须至少直接与借款申请人(包括共同申请人)面谈一次,可以在签订(预签)合同时进行。

68. C 【解析】个人住房贷款的质押担保目前主要是权利质押,较多的是存单、保单、国债、收费权质押。

69. B 【解析】根据《中华人民共和国担保法》的规定,当事人对保证担保的范围没有约定或者约定不明确的,保证人应当对全部债务承担责任。

70. C 【解析】我国个人汽车贷款审批实行审贷分离和授权审批,确保贷款审批人员按照授权独立审批贷款。对于单笔贷款超过经办行审批权限的,必须逐笔将贷款申请及经办行审批材料报上级行进行后续审批。

71. B 【解析】以城市房地产或者乡(镇)、村企业的厂房等建筑物抵押的,为县级以上地方人民政府规定的部门。故选项 B 表述错误。

72. A 【解析】《个人贷款管理暂行办法》规定,贷款人应按区域、品种、客户群等维度建立个人贷款风险限额管理制度。

73. D 【解析】贷款人应加强对贷款的发放管理,遵循审贷与放贷分离的原则,设立独立的放款管理部门或岗位,落实放款条件,发放满足约定条件的个人贷款。借款合同生效后,贷款人应按合同约定及时发放贷款。

74. D 【解析】个人经营贷款的还款方式有多种,比较常用的是等额本息还款法、按月等额本金还款法和按周还本付息还款法 3 种。故选项 D 表述错误。

75. C 【解析】公积金个人住房贷款实行"存贷结合、先存后贷、整借零还和贷款担保"的原则。

76. D 【解析】合同有效性风险包括:①格式条款无效的风险;②未履行法定提示义务的风险;③格式条款解释风险;④格式条款与非格式条款不一致的风险。选项 D 属于担保风险。

77. C 【解析】等额累进还款法是指借款人在每个时间段以一定额度累进的金额还款,按还款间隔逐期归还,在贷款截止日期前全部还清本息。故选项 A 表述错误。等额本金还款法是指在贷款期内每月等额偿还贷款本金,贷款利息随本金逐月递减。故选项 B 表述错误。到期一次性还本付息法又称期末清偿法,指借款人须在贷款到期日还清贷款本息,利随本清。故选项 C 表述正确。等额本息还款法是指在贷款期内每月以相等的额度平均偿还贷款本息。故选项 D 表述错误。

78. B 【解析】代理人和第三人串通,损害被代理人的利益的,由代理人和第三人负连带责任。故选项 B 表述错误。

79. B 【解析】个人经营贷款信用风险的主要内容包括:①借款人还款能力发生变化;②借款人还款意愿下降;③保证人担保能力发生变化;④抵押物价值发生变化。

80. D 【解析】目前,个人征信系统数据的直接使用者包括商业银行、数据主体本人、金融监督管理机构,以及司法部门等其他政府机构,但其影响力已涉及税务、教育、电信等部门。

二、多项选择题

81. ABCD 【解析】根据产品用途的不同,个人贷款产品可以分为个人消费类贷款和个人经营性贷款等。根据是否有担保的不同,个人贷款产品可以分为有担保贷款和无担保贷款。故选项 E 说法错误。

82. ABCDE 【解析】申请个人汽车贷款,借款人须提供一定的担保措施,包括质押、以贷款所购车辆作抵押、房地产抵押和第三方保证等,还可采取购买个人汽车贷款履约保证保险的方式。

83. ABCDE 【解析】目前,上线运行的个人征信报告是中国人民银行于 2012 年 8 月 1 日发布的新版个人信用报告,内容包括个人基本信息、信息概要、信贷交易信息、公共信息、查询记录。

84. ABCDE 【解析】目前,在异议处理工作中常遇到的异议申请主要有以下几种类型:①认为某一笔贷款或信用卡本人根本就没申请过;②认为贷款或信用卡的逾期记录与实际不符;③身份、居住、职业等个人基本信息与实际情况不符;④对担保信息有异议。选项 A、选项 E 是第一种类型的两种典型情况,选项 B 是第二种类型的一种典型情况,选项 C 是第三种类型的典型情况,选项 D 是第四种类型的典型情况。

85. AE 【解析】信用卡按照发行对象不同分为个人卡和单位卡。

86. ABCDE 【解析】银行通过现场咨询、窗口咨询、电话银行、网上银行、业务宣传手册等渠道和方式,向拟申请个人住房贷款的个人提供有关信息咨询服务。

87. ABCDE 【解析】贷款档案中的借款人的相关资料包括:①借款人身份证件(居民身份证、户口本或其他有效证件);②贷款银行认可部门出具的借款人经济收入和偿债能力证明;③符合规定的购买住房意向书、合同书或其他有效文件;④购房交易收件收据;⑤所购住房的估价证明;⑥抵押物或质物清单、权属证明、有处分权人同意抵押或质押的证明及有权部门出具的抵押物估价证明;⑦保证人资信证明及同意提供担保的文件;⑧房屋他项权利证明书;⑨个人住房借款申请审批表;⑩借款合同;⑪抵押合同(质押合同、保证合同);⑫保险合同、保险单据;⑬个人住房贷款凭证;⑭委托转账付款授权书。

88. ABCD 【解析】发现抵押物出现下列情况的,应限期要求借款人更换贷款银行认可的新的担保,对于借款人拒绝或无法更换贷款银行认可的担保的,应提前收回已发放的贷款的本息,或解除合同:①抵押人未妥善保管抵押物或拒绝贷款银行对抵押物是否完好进行检查的;②因第三人的行为导致抵押物的价值减少,而抵押人未将损害赔偿金存入贷款银行指定账户的;③抵押物毁损、灭失、价值减少,足以影响贷款本息的清偿,抵押人未在一定期限内向贷款银行提供与减少的价值相当的担保的;④未经贷款银行书面同意,抵押人转让、出租、再抵押或以其他方式处分抵押物的;⑤抵押人经贷款银行同意转让抵押物,但所得价款未用于提前清偿所担保的债权的;⑥抵押物被重复抵押的。

89. ABCDE 【解析】个人住房贷款的对象应是具有完全民事行为能力的中华人民共和国公民或符合国家有关规定的境外自然人。此外,申请人还须满足贷款银行的其他要求,包括:①合法有效的身份或居留证明;②稳定的经济收入,良好的信用状况,偿还贷款本息的能力;③合法有效的购买(建造、大修)住房的合同、协议,符合规定的首付款证明材料及贷款银行要求提供的其他证明文件;④贷款银行认可的资产进行抵押或质押,或有足够代偿能力的法人、其他经济组织或自然人作为保证人;⑤贷款银行规定的其他条件。

90. ABCDE 【解析】贷款审批人应对以下内容进行审查:①借款人是否具备资格和条件;②借款人提供资料的内容是否完整、合法、有效;③贷前调查人的调查意见、对借款人资信状况的评价分析以及提出的贷款建议是否准确、合理;④借款用途是否符合银行规定;⑤申请借款的金额、期限等是否符合有关规定;⑥对报批贷款的主要风险点及相应防范措施是否有效、合规;⑦其他需要审查的事项。

91. ABCDE 【解析】根据《担保法》的规定,下列财产可以抵押:①抵押人所有的房屋和其他地上定着物;②抵押人所有的机器、交通运输工具和其他财产;③抵押人依法有权处分的国有的土地使用权、房屋和其他地面定着物;④抵押人依法有权处分的国有的机器、交通运输工具和其他财产;⑤抵押人依法承包并经发包方同意抵押的荒山、荒沟、荒丘、荒滩等荒地的土地使用权;⑥依法可以抵押的其他财产。

92. BCDE 【解析】商用房贷款申请人以书面形式提出贷款申请,填写借款申请表,并按银行要求提交相关申请材料。申请材料包括:①借款申请表;②借款人还款能力证明材料(包括收入证明和有关资产证明等);③借款人及其配偶的有效身份证件、户籍证明、婚姻状况证明原件及复印件;④所购商用房为一手房的须提供首付款的银行存款凭条或开发商开具的首付款发票原件及复印件,所购商用房为二手房的须提供售房人开具的首付款收据原件及复印件;⑤借款人与售房人签订的商品房销售(预售)合同或房屋买卖协议原件;⑥拟购房产为共有的,须提供共有人同意抵押的证明文件;⑦抵押房产需要评估的,须提供评估报告原件;⑧贷款银行要求的其他资料。故不包括选项 A。

93. ABCDE 【解析】合作机构管理的风险防控措施包括:①加强贷前调查,切实核查经销商的资信状况;②按照银行的相关要求,严格控制合作担保机构的准入,动态监控合作担保机构的经营管理情况、资金实力和担保能力,及时调整其担保额度;③由经销商、专业担保机构担保的贷款,应实行监控担保方是否保持足额的保证金;④与保险公司的履约保证保险合作,应严格按照有关规定拟定合作协议,约定履约保证保险的办理、出险理赔、免责条款等事项，避免事后因合作协议的无效或漏洞无法理赔，造成贷款损失情况的发生。

94. ABCDE 【解析】商业助学贷款流程包括受理与调查、审查与审批、签约与发放、支付管理、贷后管理。

95. ABCE 【解析】贷款经办行贷后管理内容包括客户关系维护、押品管理、违约贷款催收及相应的贷后检查等工作。

96. ABCE 【解析】目前个人贷款既有个人消费类贷款，也有个人经营类贷款；既有自营性个人贷款，也有委托性个人贷款；既有单一性个人贷款，也有组合性个人贷款。可见个人贷款业务是可以办理个人经营类贷款的。故选项D说法错误。

97. ABE 【解析】借款人不还款和无能力还款时，保证人必须代替借款人还款。故选项C表述错误。下列单位或组织不能担任保证人：国家机关；学校、幼儿园、医院等以公益为目的的事业单位、社会团体；企业法人的分支机构、职能部门，但如果有法人授权的，其分支机构可以在授权的范围内提供保证。故选项D表述错误。

98. ABCE 【解析】对于已经准入的担保机构，银行应进行实时关注，动态管理，随时根据业务发展情况调整合作策略。存在以下情况的，银行应暂停与该担保机构的合作：①经营出现明显的问题，对业务发展严重不利的；②有违法、违规经营行为的；③与银行合作的存量业务出现严重不良贷款的；④与其合作对银行业务拓展没有明显促进作用的；⑤存在对银行业务发展不利的其他因素。

99. ABCE 【解析】对借款人调查的内容，除参照个人贷款调查内容外，个人住房贷款还应重点调查以下内容：①审核首付款证明；②审核购房合同或协议；③审核担保材料；④审核贷款真实性。

100. ABDE 【解析】发卡银行应加强信用卡风险资产认定，强化逾期资产管理，对逾期资产及时采取扣收、个性化分期还款、核销、资产证券化等方式进行处置，提升信贷资产质量管控水平。

101. ABD 【解析】根据《担保法》的规定，下列单位或组织不能担任保证人：①国家机关；②学校、幼儿园、医院等以公益为目的的事业单位、社会团体；③企业法人的分支机构、职能部门，但如果有法人授权的，其分支机构可以在授权的范围内提供保证。

102. ABD 【解析】由于汽车销售领域的特色，汽车贷款业务销售过程包含与经销商、保险公司等的业务来往和联系。故选项C不符合题意。由于汽车贷款购买的标的产品为移动易耗品，风险管理难度相对较大。故选项E不符合题意。

103. ACD 【解析】对账单应当至少包括交易日期、交易金额、交易币种、交易商户名称或代码、本期还款金额、本期最低还款金额、到期还款日、注意事项、发卡银行服务电话等要素。

104. ABD 【解析】根据使用对象的不同，个人征信系统提供不同版式的个人信用报告，包括银行版、个人查询版和征信中心内部版3种版式，分别服务于商业银行类金融机构、消费者和人民银行。

105. BCD 【解析】2017年4月，在中国人民银行征信管理局、世界银行集团国际金融公司和APEC工商理事会联合举办的"个人信息保护与征信管理国际研讨会"上，人民银行提出在个人征信市场准入和业务活动开展中，要注重把握3个原则：①第三方征信的独立性原则；②征信活动中的公正性原则；③个人信息隐私权益保护原则。

三、判断题

106. B 【解析】个人保证贷款是指银行以银行认可的，具有代位清偿债务能力的法人、其他经济组织或自然人作为保证人而向自然人发放的贷款。

107. B 【解析】个人经营贷款资金应按借款合同约定用途向借款人的交易对象支付。如借款人交易对象不具备条件有效使用非现金结算方式的，经审批同意，贷款资金可向借款人发放，由借款人向其交易对象支付。

108. A 【解析】个人汽车贷款的支付包括划款至经销商在贷款银行开立的存款账户和直接转入借款人在贷款银行开立的存款账户两种方式，即通过贷款人受托支付或借款人自主支付的方式发放贷款资金。

109. A 【解析】题干表述正确。

110. A 【解析】题干表述正确。

111. A 【解析】贷款人应加强对贷款的发放管理，遵循审贷与放贷分离的原则，设立独立的放款管理部门或岗位，落实放款条件，发放满足约定条件的个人贷款。借款合同生效后，贷款应按合同约定及时发放贷款。

112. A 【解析】个人信用报告是个人信用信息基础数据库的基础产品，目前主要用于银行的各项消费信贷业务。

113. B 【解析】实践中，一些地方政府出于住房市场调控等目的，对境外人士购买我国境内住房进行一定的限制，这是为了防范政策风险。

114. B 【解析】如果个人认为自己的信用报告中反映的个人养老保险金信息或住房公积金信息与实际情况不符，可以直接向当地社保经办机构或当地住房公积金中心核实情况和更改信息，也可以向当地中国人民银行征信管理部门提出书面异议申请。

115. B 【解析】定金担保是在债务之外又交付一定数额的定金，该定金的得失与债务履行联系在一起，从而促使其积极履行债务，保障债权实现。

《个人贷款》真题试卷（五）参考答案及解析 （见软件）

《个人贷款》押题试卷（一）参考答案及解析

一、单项选择题

1. C 【解析】个人住房贷款相对其他个人贷款而言金额较大，期限也较长，通常为10～20年，最长可达30年。

2. C 【解析】当发生保证人失去保证能力或保证人破产、分立、合并等情况时，借款人应及时通知贷款银行，并重新提供贷款银行认可的担保。故选项C说法错误。

3. A 【解析】经贷款人同意，个人贷款可以展期。故选项B说法错误。1年以内（含）的个人贷款，展期期限累计不得超过原贷款期限。故选项C说法错误。1年以上的个人贷款，展期期限累计与原贷款期限相加，不得超过该贷款品种规定的最长贷款期限。故选项D说法错误。

4. B 【解析】个人贷款借款人需要调整借款期限，应向银行提交期限调整申请书，并必须具备以下前提条件：①贷款未到期；②无欠息；③无拖欠本金，本期本金已归还。故选项B说法错误。

5. A 【解析】等额本金还款法偿还本金的速度最快，因而整个还款过程中承担的利息最少。

6. B 【解析】采用等额累进还款法的借款人，如对收入增加的客户，可采取增大累进额、缩短间隔期等办法，使借款人分期还款额增多，从而减少借款人的利息负担。

7. C 【解析】应偿还的贷款本息额＝贷款本金÷还款期数＋（贷款本金－已归还贷款本金累计额）×月利率。贷款本金为100万元，还款期数为$4\times5=20$（期），已归还贷款本金累计额为$100\div20\times8=40$（万元），月利率＝$6\%\div12=0.5\%$，代入计算可得：$100\div20+(100-40)\times0.5\%=5.3$（万元）。

8. D 【解析】到期一次性还本付息法又称期末清偿法，指借款人须在贷款到期日还清贷款本息，利随本清。此种方式一般适用于期限在1年以内（含1年）的贷款。

9. C 【解析】"假个贷"的"假"是指：①不具有真实的购房目的；②虚构购房行为使其具有"真实"的表象；③捏造借款人资料或者其他相关资料等。故选项C说法错误。

10. A 【解析】等额本金还款法是指在贷款期内每月等额偿还贷款本金，贷款利息随本金逐月递减。

11. C 【解析】对于二手个人购房贷款，商业银行最主要的合作单位是房地产经纪公司。

12. D 【解析】个人汽车贷款在开户放款时应注意：借款人与贷款银行签约时，要明确告知在放款时遇法定利率调整时，应执行具体放款日当日利率。

13. D 【解析】商用房贷款合作机构风险的防控措施包括：①加强对开发商及合作项目的审查；②加强对估值机构、地产经纪和律师事务所等合作机构的准入管理；③业务合作中不过分依赖合作机构。选项D属于商用房贷款操作风险的防控措施。

14. D 【解析】商用房贷款信用风险的主要内容包括：①借款人还款能力发生变化，包括借款人或保证人收入发生变化和商用房经营情况发生变化；②借款人还款意愿发生变化。故不包括选项D。

15. D 【解析】个人教育贷款贷后管理的风险点主要包括：①将学费和住宿费的贷款资金全额发放至借款人账户；②未详细记录资金流向和归集保存相关凭证，造成凭证遗失；③未通过账户分析、凭证查验或现场调查等方式，核查贷款支付是否符合约定用途。选项D属于签约与发放中的风险。

16. D 【解析】对于房地产管理相对规范的地区，如可实施房地产抵押情况的查询、抵押手续办理规范的地区，可将抵押办理手续委托经一级分行准入的中介机构代为办理，但经办行必须在此之后对抵押办理情况进行核实。

17. D 【解析】国家助学贷款的贷款对象是中华人民共和国境内的(不含香港特别行政区和澳门特别行政区、台湾地区)普通高等学校中经济确实困难的全日制本专科生(含高职生)、研究生和第二学士学位学生。商业助学贷款的贷款对象是在境内高等院校就读的全日制本专科生、研究生和第二学士学位学生。贷款银行可根据业务发展需要和风险管理能力，自主确定开办针对境内其他非义务教育阶段全日制学校在校困难学生的商业助学贷款。由此可知，选项D符合题意。

18. D 【解析】国家助学贷款实行"财政贴息、风险补偿、信用发放、专款专用和按期偿还"的原则；商业助学贷款实行"部分自筹、有效担保、专款专用和按期偿还"的原则。由此可知，选项D符合题意。

19. A 【解析】承办银行应根据公积金管理中心的委托要求，协助公积金管理中心对不良贷款进行催收，及时向公积金管理中心报告情况。故选项A表述错误。

20. C 【解析】我国目前个人住房贷款中的浮动利率制度，使借款人承担了相当大比率的利率风险，这就导致了借款人在利率上升周期中出现贷款违约的可能性加大。

21. D 【解析】影响个人贷款价格的因素众多，主要包括资金成本、风险、担保、规模、市场竞争、盈利目标、选择性因素等。选项A属于选择性因素，选项B属于资金成本因素，选项C属于担保因素，选项D属于市场竞争因素。

22. D 【解析】贷款额度是指银行向借款人提供的以货币计量的贷款数额。

23. C 【解析】违约概率模型用于早期逾期的客户，可判断客户最终进入违约(逾期90天以上)的概率。

24. A 【解析】专家判断法实施的效果很不稳定，因为专家制度依靠的是具有专业知识的信贷人员，而这些人员本身的素质高低和经验多少将会直接影响该项制度的实施效果，总会有一些人跟不上社会的变迁。故选项A说法错误。

25. D 【解析】委托转账付款授权书属于借款人的档案资料。故选项D表述错误。

26. D 【解析】在个人贷款档案管理中，贷后管理的相关资料包括：①贷后检查记录和检查报告；②逾期贷款催收通知书；③贷款制裁通知书；④法律仲裁文件；⑤依法处理抵押物、质物等形成的文件；⑥贷款核销文件。

27. B 【解析】尽管风险和损失有密切联系，但风险并不等同于损失本身。严格来说，损失是一个事后概念，反映风险事件发生后所造成的实际结果，而风险却是一个明确的事前概念，反映损失发生前的事物发展状态。故选项B表述错误。

28. A 【解析】正常贷款是指借款人一直能正常还本付息，不存在任何影响贷款本息及时、全额偿还的不良因素，或借款人未正常还款属偶然性因素造成的。李某因出差在外，未及时归还贷款本息属于正常贷款，而不良贷款包括次级、可疑和损失类贷款，因此不应划为不良贷款。

29. C 【解析】特殊信息主要是破产记录、与个人经济生活相关的法院判决等信息、信用报告查询信息，包括哪些机构因何原因于何时进行过查询。选项C属于个人基本信息。

30. C 【解析】行为评分通过观测客户贷后行为特征，预测客户未来一定时间内变成"坏客户"的可能性，它通过观察客户特征和风险的关联性，总结风险出现、发展和分布的规律，从而做出管理决策，而不是精确预测每笔贷款出现风险的时间与原因。故选项C表述错误。

31. D 【解析】个人征信系统信息采集需要经过数据报送、校验加载、反馈3个环节。

32. B 【解析】个人教育贷款是银行向在读学生或其直系亲属、法定监护人发放的用于满足其就学资金需求的贷款。

33. C 【解析】根据现行规定，个人住房贷款利率浮动区间的下限为基准利率的0.7倍。故选项C表述错误。

34. D 【解析】国家助学贷款是信用贷款，学生不需要办理贷款担保，但需要承诺按期还款，并承担相关法律责任。

35. D 【解析】我国最大的个人征信数据库是中国人民银行建设并已投入使用的全国个人信用信息基础数据库系统。

36. D 【解析】房地产估价原则包括合法原则、最高最佳使用原则、估价时点原则、替代原则、公平原则。

37. A 【解析】大众营销是指银行的产品和服务是满足大众化需求，适宜所有的人群。其特点是目标大、针对性不强、效果差。

38. C 【解析】银行应着重考核借款人还款能力，将借款人住房贷款的月房产支出与收入比控制在50%以下(含50%)，月所有债务支出与收入比控制在55%以下(含55%)。故选项C说法错误。

39. B 【解析】影响个人贷款价格的因素主要包括资金成本、风险、利率政策、盈利目标、市场竞争、担保、选择性因素等。

40. C 【解析】农户贷款还款方式根据贷款种类、期限及借款人现金流情况，可以采用分期还本付息、分期还息到期还本等方式。原则上一年期以上贷款不得采用到期利随本清方式。故选项C说法错误。

41. C 【解析】公积金个人住房贷款与商业银行自营性个人住房贷款的区别包括承担风险的主体不同、资金来源不同、贷款对象不同、贷款利率不同和审批主体不同。

42. D 【解析】商业助学贷款可以一次性放款，也可以分次放款。故选项D说法错误。

43. D 【解析】个人住房贷款的贷款审批内容包括登记台账、贷款审批、核对或登记台账。

44. D 【解析】采用抵押方式申请商用房贷款，以所购商用房(通常要求借款人拥有该商用房的产权)作抵押的，由贷款银行决定是否有必要与开发商签订商用房回购协议。故选项D说法错误。

45. B 【解析】按照公积金管理中心委托要求，承办银行定期(按日)将有关公积金管理中心的账户记账回单、公积金贷款回收、逾期及结清等资料移交和报送公积金管理中心。

46. B 【解析】没有代理权、超越代理权或者代理权终止后的行为，只有经过被代理人的追认，被代理人才承担民事责任。未经追认的行为，由行为人承担民事责任。故选项B说法错误。

47. C 【解析】选项A、选项B、选项D属于合作机构风险管理的内容。

48. A 【解析】财政贴息是指国家以承担部分利息的方式，对学生办理国家助学贷款进行补贴。

49. D 【解析】个人贷款资金可按照规定将资金用于购房和生产经营，但不可用于投资领域。故选项D说法错误。

50. D 【解析】商业银行应当建立保证个人信用信息安全的管理制度，确保只有得到内部授权的人员才能接触个人信用报告并经常对个人信用数据库的查询情况进行检查，确保所有查询符合规定，并定期向中国人民银行及征信中心报告查询检查结果。

51. A 【解析】个人住房贷款对合作机构分析的要点包括：①分析合作机构领导层素质；②分析合作机构的业界声誉；③分析合作机构的历史信用记录；④分析合作机构的管理规范程度；⑤分析企业的经营成果；⑥分析合作机构的偿债能力。

52. B 【解析】贷款人应根据审慎性原则，完善授权管理制度，规范审批操作流程，明确贷款审批权限，实行审贷分离和授权审批，确保贷款审批人员按照授权独立审批贷款。

53. D 【解析】贷款审批人应对以下内容进行审查：①对贷款申请审批表和贫困证明等内容进行核对；②审查每个申请学生每学年贷款金额是否超过限额，具体金额根据学校的学费、住宿费和生活费标准以及学生的困难程度确定；③学校当年贷款总金额和人数不超过全国学生贷款管理中心与经办银行总行下达的该校贷款年度计划额度；④其他需要审查的事项。

54. D 【解析】对生活费贷款，银行可以采用贷款人受托支付方式，直接划入借款人所在学校在贷款银行开立的账户上，再由学校返还借款人。

55. C 【解析】国家助学贷款实行借款人一次申请、贷款银行一次审批、单户核算、分次发放的方式。故选项C表述错误。

56. C 【解析】贷款人受理借款人个人经营贷款申请后，应履行尽职调查职责，对个人经营贷款申请内容和相关情况的真实性、准确性、完整性进行调查核实，形成贷前调查报告。

57. C 【解析】对国家助学贷款而言，学费和住宿费贷款，银行应当采用贷款人受托支付方式，向借款人交易对象(即借款人所在学校)支付，按学年(期)发放，直接划入借款人所在学校在贷款银行开立的账户上。

58. A 【解析】个人经营贷款期限一般不超过5年，采用保证担保方式的不得超过1年。贷款人应根据借款人经营活动及借款人还款能力确定贷款期限。

59. A 【解析】采用低风险质押担保方式且贷款期限在1年以内的个人经营贷款，可采用到期一次性还本付息的还款方式。

60. C 【解析】采用抵押担保方式的,贷款金额最高不超过抵押物价值的70%。

61. D 【解析】个人征信系统所收集的个人信用信息包括个人基本信息、信贷信息、非银行信息、客户本人声明等各类信息。其中,个人基本信息包括个人身份、配偶身份、居住信息、职业信息等。选项D属于信贷信息。

62. A 【解析】个人经营类贷款是指银行向从事合法生产经营的自然人发放的,用于满足个人控制的企业(包括个体工商户)生产经营流动资金需求和其他合理资金需求以及用于购买商用房的贷款。选项B、选项C、选项D属于个人消费类贷款。

63. B 【解析】商业银行各级用户应妥善保管用户密码,至少2个月更改一次密码,并登记密码变更登记簿。

64. A 【解析】农村金融机构应当建立贷后定期或不定期检查制度,农村金融机构风险管理部门、审计部门应当对分支机构贷后管理情况进行检查。

65. B 【解析】贷款的流程一般为贷款的受理与调查—贷款的审查与审批—贷款的签约与发放—支付管理—贷后管理。

66. B 【解析】个人征信系统(个人信用信息基础数据库)是我国社会信用体系的重要基础设施,是由中国人民银行组织各商业银行建立的个人信用信息共享平台。

67. C 【解析】商用房贷款的期限通常不超过10年,具体贷款期限由贷款银行根据贷款风险管理相关原则自主确定。

68. C 【解析】人民银行、国务院银行业监督管理机构下发《关于调整汽车贷款有关政策的通知》,进一步区分传统动力和新能源汽车,并自2018年1月1日起,调整个人汽车贷款最高发放比例要求:自用传统动力汽车贷款最高发放比例为80%,商用传统动力汽车贷款最高发放比例为70%;自用新能源汽车贷款最高发放比例为85%,商用新能源汽车贷款最高发放比例为75%;二手车贷款最高发放比例为70%。

69. B 【解析】信用风险的防控措施包括:①严格审查客户信息资料的真实性;②详细调查客户的还款能力;③科学合理地确定客户还款方式;④切实做好押品管理。在开展个人汽车贷款业务过程中,加强与经销商和厂商合作,可要求所抵押车辆安装GPS定位系统,以确保抵押物可追踪定位。

70. C 【解析】农户是指长期居住在乡镇和城关镇所辖行政村的住户、国有农场的职工和农村个体工商户。

71. B 【解析】押品日常管理包括权证的管理、出入库的管理、台账的建立与日常监控等内容。

72. D 【解析】个人留学贷款额度最低不少于1万元人民币,最高不得超过借款人学杂费和生活费的80%。

73. D 【解析】每个职工只能有一个住房公积金购房账户。故选项A说法错误。新调入的职工从调入单位发放工资之日起缴存住房公积金。故选项B说法错误。职工和单位住房公积金具体缴存比例不得低于职工上一年度月平均工资的5%,具体缴存比例由住房公积金管理委员会拟定。故选项C说法错误。

74. D 【解析】属于下列情形之一的个人贷款,经贷款人同意可以采取借款人自主支付方式:①借款人无法事先确定具体交易对象且金额不超过30万元人民币的;②借款人交易对象不具备条件有效使用非现金结算方式的;③贷款资金用于生产经营且金额不超过50万元人民币的;④法律法规规定的其他情形。

75. D 【解析】农户申请贷款应当具备以下条件:①农户贷款以户为单位申请发放,并明确一名家庭成员为借款人,借款人应当为具有完全民事行为能力的中华人民共和国公民;②户籍所在地、固定住所或固定经营场所在农村金融机构服务辖区内;③贷款用途明确合法;④贷款申请数额、期限和币种合理;⑤借款人具备还款意愿和还款能力;⑥借款人无重大信用不良记录;⑦在农村金融机构开立结算账户;⑧农村金融机构要求的其他条件。

76. C 【解析】申请公积金个人住房贷款,需要提供相关的补充申请材料,具体包括:①借款人及参贷人(共同还款人、担保人)的居民身份证、户口簿原件及复印件和共同还款承诺书;②婚姻状况证明(已婚的提供结婚证复印件,其他情况由所在单位或派出所出具证明);③合法的商品房购房合同或协议;④借款人及参贷人所在单位提供的个人资信证明;⑤借款人已交付符合规定首付比例购房款的有效凭据;⑥有效的担保证明;⑦办理公积金个人住房贷款的期房楼盘,必须是由开发商与受委托银行签订个贷合作协议的楼盘,借款人可通过个贷银行办理贷款手续。

77. C 【解析】银行应着重考核借款人还款能力,将借款人住房贷款的月房产支出与收入比控制在50%以下(含50%),月所有债务支出与收入比控制在55%以下(含55%)。由此可知,李某的月收入应不低于3000元÷50%,即6000(元)。

78. D 【解析】对于一手个人住房贷款,在借款人购买的房屋没有办好抵押登记之前,由开发商提供阶段性或全程担保。故选项D说法错误。

79. B 【解析】从每月还款的角度讲,等额本息还款法是固定的,而等额本金还款法在还款初期高于等额本息还款法。故选项B说法错误。

80. B 【解析】等比累进还款法是指借款人每个时间段上以一定比例累进的金额偿还贷款,其中每个时间段归还的金额包括该时间段应还利息和本金,按还款间隔逐期归还,在贷款截止日期前全部还清本息。

二、多项选择题

81. BCD 【解析】一般来说,贷款期限在1年以内(含)的实行合同利率,遇法定利率调整不分段计息,执行原合同利率;贷款期限在1年以上的,合同期内遇法定利率调整时,可由借贷双方按商业原则确定,可在合同期间按月、按季、按年调整,也可采用固定利率的确定方式。

82. ABCE 【解析】信用风险的控制应对措施包括:①授信限额管理;②利用客群特征优选客户;③利用信用评分工具优选客户;④关键业务流程控制;⑤有效的担保缓释措施;⑥违约贷款清收与处置;⑦贷款核销;⑧不良贷款证券化。选项D属于操作风险的控制应对措施。

83. BCE 【解析】个人经营贷款行业准入标准中谨慎介入下列行业:①产能过剩行业、不符合节能减排要求的行业项目;②未完全达到国家环保标准的行业项目等。

84. ABCD 【解析】建立个人征信系统的意义:①个人征信系统的建立使商业银行在贷款审批中将查询个人信用报告作为必需的依据,从制度上有效控制信贷风险;②个人征信系统的建立有助于商业银行准确判断个人贷款客户的还款能力;③个人征信系统的发展,有助于激励借款人按时偿还债务;④个人征信系统的建立有助于保护消费者利益,提高透明度;⑤全国统一的个人征信系统有助于商业银行进行风险预警分析;⑥个人征信系统的建立,为规范金融秩序、防范金融风险提供了有力保障。

85. BCDE 【解析】个人贷款业务对宏观经济的作用包括:①个人贷款业务的发展,能有效支持城乡居民的消费需求,满足人民日益增长的美好生活需要;②对启动、培育和繁荣消费市场起到了催化和促进作用;③对扩大内需,推动生产,带动相关产业,支持国民经济持续、快速、健康和稳定发展起到了积极的作用;④对商业银行调整信贷结构、提高信贷资产质量、增加经验效益以及繁荣金融业起到了促进作用。

86. BCDE 【解析】银行网点机构营销渠道的分类主要包括:①全方位网点机构营销渠道;②专业性网点机构营销渠道;③高端化网点机构营销渠道;④零售型网点机构营销渠道。

87. ADE 【解析】个人信用数据库每月更新一次信息。故选项B说法错误。个人委托代理人提出异议申请,代理人须提供委托人(个人自己)和代理人的身份证原件及复印件、委托人的个人信用报告、具有法律效力的授权委托书。故选项C说法错误。

88. ABCD 【解析】对于采用保证方式的,保证人应具备品质良好、合法稳定的收入来源及与借款人同城户籍等条件,原则上不允许同学之间互保。故选项E说法错误。

89. AB 【解析】个人住房贷款的计息、结息方式,由借贷双方协商确定。故选项A说法错误。从融通资金的方式来说,个人住房贷款是以抵押物的抵押为前提而建立起来的一种借贷关系。故选项B说法错误。

90. BCE 【解析】个人住房贷款是向购买、建造、翻建或大修自住住房的个人所发放的贷款。由此可知,选项D不可以申请个人住房贷款。选项A属于公司行为,不属于个人行为,应申请公司贷款。

91. BCE 【解析】对于借款人无法事先确定具体交易对象且金额不超过30万元人民币的个人贷款和贷款资金用于生产经营且金额不超过50万元人民币的个人贷款,经贷款人同意可以采取借款人自主支付方式。故选项B说法错误。贷款发放后,贷款人要按照主动、动态、持续的原则进行贷后检查。故选项C说法错误。个人经营贷款资金应按照借款合同约定用途向借款人的交易对象支付。故选项E说法错误。

92. BCE 【解析】借款人及配偶月所有债务支出(本笔贷款的月还款额+其他债务月均偿付额)与月收入之比应在55%(含)以下。故选项A说法错误。涉及抵押担保的,在一般操作模式下,财产共有人在借款(抵押)合同上直接签字,可无书面声明。故选项D说法错误。

93. BCE 【解析】借款人要求提前还款的,应提前30个工作日向贷款银行提出申请。故选项A说法错误。每笔贷款只可以展期一次,展期的原则按《贷款通则》规定执行。故选项D说法错误。

94. BCE 【解析】合同有效性风险是涉及合同及协议相关条款或具体内容的法律风险,未签订合同不属于合同有效性风险,故选项A不符合题意。选项D为信用风险的表现形式。

95. BCE 【解析】贷款审批人依据银行各类个人住房贷款办法及相关规定,结合国家宏观调控政策或行业投向政策,从银行利益出发审查每笔个人住房贷款业务的合规性、可行性及经济性。

96. ABCDE 【解析】商业银行只能经当事人书面(电子)授权,在审核个人贷款、信用卡申请或审核是否接受个人作为担保人等个人信贷业务,以及对已发放的个人贷款及信用卡进行信用风险跟踪管理时,才能查询个人信用信息基础数据库。

97. BD 【解析】如果中央银行改变基准利率,直接会影响商业银行借款成本的高低,从而对信贷起着限制或鼓励的作用,并同时影响其他金融市场的利率水平。故选项A说法错误。低于基准利率而高于最低幅度(含最低幅度)为利率下浮。故选项C说法错误。以基准利率为中心,在一定幅度内上下浮动的利率为浮动利率。故选项E说法错误。

98. BD 【解析】贷款的受理与调查环节的风险点主要在于以下几个方面:①借款申请人的主体资格是否符合银行个人教育贷款的相关规定;②借款申请人所提交材料的真实性;③对于商业助学贷款而言,借款申请人的担保措施是否足额、有效;④未按规定建立、执行贷款面谈、借款合同面签制度;⑤授意借款人虚构情节获得贷款。选项A属于支付管理中的风险,选项C属于贷款签约与发放的风险,选项E属于贷款审查与审批的风险。

99. ABCD 【解析】在个人住房贷款业务中,加强对借款人还款能力甄别的具体措施包括验证借款人的工资收入、租金收入、投资收入和经营收入四个方面。

100. BDE 【解析】国家助学贷款的贷款对象是中华人民共和国境内的(不含香港特别行政区和澳门特别行政区、台湾地区)普通高等学校中经济确实困难的全日制本专科生(含高职生)、研究生和第二学士学位学生。

101. ACDE 【解析】一线经办人员必须严格执行贷款准入条件,从源头上降低"假个贷"风险。在具体的操作上,要注意检查以下四个方面的内容:①借款人身份的真实性;②借款人信用状况;③各类证件的真实性;④申报价格的合理性。

102. BDE 【解析】根据《中华人民共和国担保法》的规定,下列单位或组织不能担任保证人:①国家机关;②学校、幼儿园、医院等以公益为目的的事业单位、社会团体;③企业法人的分支机构、职能部门,但如果有法人授权的,其分支机构可以在授权的范围内提供保证。故选项B说法错误。抵押担保是指借款人或第三人不转移对法定财产的占有,将该财产作为贷款的担保。故选项D说法错误。从控制风险的角度讲,当借款人采用一种担保方式不能足额担保时,贷款银行一般要求借款人组合使用不同的担保方式对贷款进行担保。故选项E说法错误。

103. ABCD 【解析】个人信用报告中的信息主要包括公安部身份信息核查结果、个人基本信息、银行信贷交易信息、公共信息、本人声明、异议标注和查询历史信息。

104. BE 【解析】信用交易信息即信贷信息,包括银行信贷信用汇总信息、信用卡汇总信息、准贷记卡汇总信息、贷记卡汇总信息、贷款汇总信息、为他人贷款担保汇总信息(信用明细信息包括信用卡明细信息、信用卡最近24个月每个月的还款状态记录、贷款明细信息、为他人贷款担保明细信息等)等。

105. AB 【解析】商用房地产和居住房地产押品包括商用房地产、居住用房地产、商用建设用地使用权和居住用建设用地使用权、房地产类在建工程等。

三、判断题

106. B 【解析】采取受托支付方式的,借款人须提供用途证明材料和交易对象收款账户信息。采取自主支付方式的,借款人在业务申请时可不提供贷款用途证明,但客户经理应要求借款人保留用途证明材料,定期向银行告知贷款资金支付情况,并在规定时间提供用途证明。

107. B 【解析】借款人还清贷款本息后,一些档案材料需要退还借款人。

108. A 【解析】银行办理个人商用车贷款业务,贷款人应当建立借款人信贷档案。借款人信贷档案应载明以下内容:①借款人姓名、住址、有效身份证明及有效联系方式;②借款人的收入水平及信用状况证明;③所购汽车的购车协议、汽车型号、发动机号、车架号、价格与购车用途;④贷款的金额、期限、利率、还款方式和担保情况;⑤贷款催收记录;⑥防范贷款风险所需的其他资料。贷款人发放个人商用车贷款,除上述规定的内容外,应在借款人信贷档案中增加商用车运营资格证年检情况、商用车折旧、保险情况等内容。

109. B 【解析】单一营销策略的特点是针对性强,适宜少数尖端客户,能够为客户提供需要的个性化服务,但营销成本太高。

110. A 【解析】为减轻借款人不必要的利息负担,人民银行要求商业银行只能对购买主体结构已封顶住房的个人发放个人住房贷款。

111. A 【解析】申请国家助学贷款的申请人应当在提出申请后领取审批表等材料,如实完整填写,并准备好包括贫困生证明材料在内的有关材料一并交回学校机构。

112. A 【解析】题干表述正确。

113. B 【解析】个人住房贷款的计息、结息方式,由借贷双方协商确定。

114. B 【解析】我国目前个人住房贷款中的浮动利率制度,使借款人承担了相当大比率的利率风险,这就导致了借款人在利率上升周期中出现贷款违约的可能性加大。

115. A 【解析】《汽车贷款管理办法》为便于对汽车贷款进行风险管理,将借款人细分为个人、汽车经销商和机构借款人,并首次明确除中国公民以外,在中国境内连续居住1年以上(含1年)的港、澳、台居民以及外国人均可申请个人汽车贷款。

《个人贷款》押题试卷(二)~(三)
参考答案及解析 (见软件)

《个人贷款》模拟试卷(一)~(二)
参考答案及解析 (见软件)